à
Katherine,

Parce que la
politique est
l'affaire de tous!

Catherine

Groupe d'édition la courte échelle inc.
Division Parfum d'encre
4388, rue Saint-Denis, bureau 315
Montréal (Québec) H2J 2L1
www.parfumdencre.ca
facebook.com/parfumdencre

Édition : Élisabeth Brisset des Nos
Révision : Aimée Lévesque
Correction : Françoise Côté
Direction artistique : Julie Massy
Graphisme : Carl Bergeron Gagnon

Dépôt légal, 2025
Bibliothèque nationale du Québec

Le Groupe d'édition la courte échelle reconnaît l'aide financière du gouvernement du Canada pour ses activités d'édition. Le Groupe d'édition la courte échelle reçoit l'appui du gouvernement du Québec par l'intermédiaire de la SODEC.

Le Groupe d'édition la courte échelle bénéficie également du Programme de crédit d'impôt pour l'édition de livres — Gestion SODEC — du gouvernement du Québec.

Financé par le gouvernement du Canada | Canada

Catalogage avant publication de Bibliothèque et Archives nationales du Québec et Bibliothèque et Archives Canada

Titre : Apprivoiser la politique / Catherine Fournier.
Noms : Fournier, Catherine, 1992- auteur.
Description : Mention de collection : Apprivoiser
Identifiants : Canadiana (livre imprimé) 20250038587 | Canadiana (livre numérique) 20250038595 | ISBN 9782925101574 | ISBN 9782925101581 (PDF) | ISBN 9782925101598 (EPUB)
Vedettes-matière : RVM : Canada—Politique et gouvernement. | RVM : Québec (Province)—Politique et gouvernement. | RVM : Administration municipale—Canada.
Classification : LCC JL75.F68 2025 | CDD 320.971—dc23

Imprimé au Québec, Canada

APPRIVOISER

LA POLI-TIQUE

CATHERINE FOURNIER

PARFUM D'ENCRE

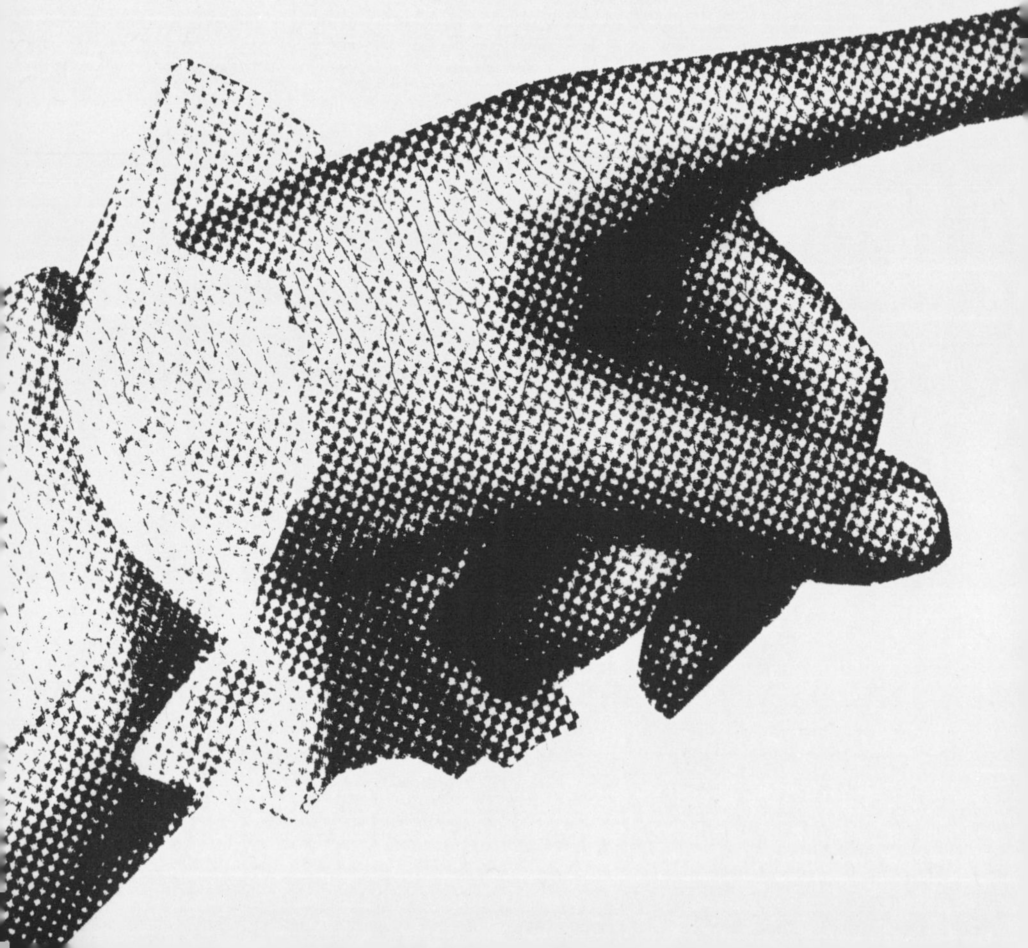

Mise en bouche (sans langue de bois)

Salut ! Je m'appelle Catherine Fournier, j'ai 33 ans et je suis la mairesse de ♡ Longueuil ♡. Ça peut paraître surprenant, mais ça fait déjà une quinzaine d'années que j'évolue dans le milieu politique. De bénévole dans des organisations de la société civile (des OBNL) à militante de partis en passant par une candidature à des élections fédérales, un poste d'attachée politique pour un chef de l'opposition officielle, cinq ans comme députée à l'Assemblée nationale et maintenant mairesse d'une grande ville du Québec, j'ai *presque* tout fait. Bon, en tout cas, disons que j'ai un très bon portrait de ce qui *peut* être fait !

Pourtant, rien ne me prédestinait à ce parcours. Outre ma grand-mère paternelle, qui m'a transmis sa passion de l'histoire du Québec et la fougue de son engagement pour les droits des femmes, je ne viens pas d'une famille particulièrement politisée. Mes parents allaient voter, mais ne parlaient jamais de politique entre eux. Bien vite, c'est moi qui ai imposé ce sujet dans la maisonnée, d'abord en les questionnant sur leurs choix, puis en leur suggérant fortement les miens ! Au-delà de mes discours de cour d'école auprès de mes petites copines du primaire, auxquelles je racontais tout ce que je lisais dans le journal — mon activité matinale préférée dès mes 9 ans —, j'ai commencé à m'impliquer un peu au hasard, à l'orée de mes 18 ans, encouragée par mes amis du cégep du Vieux Montréal, qui connaissaient mieux que moi les rouages du système. J'ai rapidement eu la piqûre au point de les traîner moi-même (pratiquement de force, je l'avoue ☺) dans des événements et manifestations par la suite. Je serai toujours reconnaissante envers ces anciens camarades de classe qui ont été les premiers à me faire goûter à l'euphorie de l'essence de ce que constitue l'engagement politique, selon moi :

Prendre
part → à
quelque
chose ◡̈
de plus
☼ grand
que soi.

Le 5 décembre 2016, cinq ans après avoir obtenu mon diplôme d'études collégiales et avec un baccalauréat composé d'une majeure en sciences économiques et d'une mineure en science politique en poche, je suis devenue la plus jeune femme élue de l'histoire de l'Assemblée nationale du Québec à l'âge de 24 ans.

Au cours de la campagne électorale ayant mené à mon élection, j'avais trouvé important d'interpeller directement les nouveaux électeurs par le biais d'une lettre leur étant personnellement adressée, pour les inciter à aller voter. Le soir du vote, au moment de prendre la parole devant ma gang de bénévoles et les médias, après la victoire annoncée, j'ai pris un engagement formel : celui de contribuer à donner le goût de la politique aux générations montantes. Et je me suis sérieusement mise à l'œuvre ! L'année suivante, j'ai consacré mes vacances d'été à la rédaction d'un ouvrage vantant les mérites de l'engagement social et politique des milléniaux, *L'audace d'agir* (Somme toute, 2017). De ma propre initiative, ce premier livre sous le bras, je suis partie à la rencontre des étudiantes et des étudiants des quatre coins du Québec. En trois mois, j'ai visité une quarantaine d'établissements dans quinze régions administratives différentes, de l'Université Bishop's en Estrie jusqu'au centre d'études collégiales (CEC) de Chibougamau en Jamésie.

Lors de cette grande tournée, j'ai formulé plusieurs constats qui guident encore mes actions aujourd'hui. Au cœur de ceux-ci figure la soif de mieux comprendre la politique, de partager mes apprentissages et de communiquer ma passion. J'adore vulgariser des notions complexes et mettre en lumière les enjeux sociaux qui me tiennent à cœur. En tant que mairesse, j'ai notamment produit des capsules vidéo destinées aux réseaux sociaux pour démystifier la fiscalité municipale et la préparation du budget de la Ville en moins de deux minutes. J'écris aussi régulièrement des lettres ouvertes dans les médias traditionnels ou directement sur mes plateformes (Instagram, Facebook, LinkedIn, etc.), que ce soit pour mieux faire connaître les réalités du rôle d'élu·e ou pour expliquer de nouvelles idées.

L'exercice de rédaction de ce livre s'inscrit dans la même lignée. Je me suis donné pour mission de rassembler dans ces pages tout ce qui, à mon avis, devrait être connu par chacun·e d'entre nous au sujet de notre politique. Tout ce que nous devrions savoir pour mieux comprendre le monde dans lequel nous vivons, défendre nos idées, éveiller notre esprit critique et, ultimement, exercer notre rôle de citoyenne ou de citoyen de façon éclairée.

Je vous rassure tout de suite : loin de moi l'idée de vous dire pour qui militer ou pour qui voter ! Cet ouvrage vise plutôt à éclaircir certains concepts et réalités plus difficiles à cerner. Même si ce n'est pas toujours facile d'être 100 % neutre, parce qu'on est toutes et tous influencés par notre vécu et nos valeurs, je vais tâcher de vous initier à la politique québécoise de la façon la plus simple, intègre et sympathique possible. Promis !

Si certains mots vous apparaissent plutôt abstraits au fil de la lecture, ne vous inquiétez pas : c'est tout à fait normal. Même si j'ai tenté de simplifier les concepts, la politique possède son propre jargon ; c'est pourquoi j'ai également inclus un lexique à la toute fin du livre. N'hésitez pas à vous y référer !

LA POLI

pour

TIQUE

quoi faire ?

Une petite définition ?

La politique existe depuis que l'*Homo sapiens* a commencé à mettre sur pied ses premières formes d'organisation sociale. Si l'on s'intéresse à la politique au sens où nous l'entendons aujourd'hui, elle tire plutôt ses origines de la Grèce antique, reconnue comme le berceau de la démocratie. Depuis, de nombreux penseurs ont cherché à la définir au fil des époques.

Le philosophe grec **Aristote** (384-322 av. J.-C.) considérait la politique comme l'art de gouverner la cité de manière juste et vertueuse, permettant aux citoyens de vivre une vie bonne et éthique. Pour lui, la politique concernait l'organisation de la *polis* (cité-État) et avait pour but le bien commun.

Le théoricien italien **Niccolò Machiavelli** (1469-1527) voyait la politique comme la capacité de maintenir le pouvoir et de gouverner efficacement, souvent par des moyens pragmatiques… ou immoraux, si nécessaire.

L'écrivain et philosophe genevois (suisse) **Jean-Jacques Rousseau** (1712-1778) définissait la politique comme le moyen par lequel un contrat social est établi pour protéger et défendre la liberté et l'égalité entre les individus.

Le sociologue allemand **Max Weber** (1864-1920) décrivait la politique comme une activité qui vise à mener ou influencer la direction d'une association politique ou, plus spécifiquement, d'un État.

La philosophe allemande naturalisée américaine **Hannah Arendt** (1906-1975) disait que la politique est intrinsèquement liée à la condition de pluralité humaine et au domaine de l'action et de la parole, où les individus peuvent révéler leur singularité et construire ensemble un monde commun.

De la po un peu

On s'entend toutes et tous pour dire que la politique rime avec gouvernement, politicien·ne·s et élections. Oui, c'est vrai. Mais la politique, c'est aussi plus que ça. Ça peut englober toutes les actions qui visent à organiser notre société… ou à l'influencer !

Voter

Se présenter à des élections

Mener des actions symboliques non violentes pour promouvoir une cause

Participer à une manifestation

Lancer une pétition

Faire la grève

Etc.

litique partout

La politique est donc omniprésente dans nos vies, souvent même sans que l'on s'en rende compte. Connaissez-vous le dicton *Vous avez beau ne pas vous occuper de politique, la politique s'occupe de vous tout de même*? Il est attribué au comte Charles René de Montalembert, un journaliste, historien et homme politique français du XIXe siècle. Nul doute que cette sage affirmation est toujours d'actualité, car oui, la politique influence directement notre quotidien !

Voyons voir.

6 h 30

On se lève, puis on utilise tout un tas d'électroménagers... qui fonctionnent comment ? À l'électricité fournie par Hydro-Québec, une société d'État qui appartient collectivement aux Québécoises et aux Québécois, qui produit de l'énergie propre et à faible coût pour la population locale. Nationaliser l'hydroélectricité en 1963 fut carrément une révolution politique, et les enjeux liés à l'énergie sont aujourd'hui plus importants que jamais, ici comme ailleurs sur la planète.

7 h 30

Après le déjeuner, on nettoie la cuisine. Si notre résidence est desservie par la collecte des matières organiques (le compost), on devrait déposer nos restants dans le bac brun qui nous est fourni par notre municipalité, puis le mettre au chemin le jour du ramassage. Mais qu'est-ce qui détermine que notre résidence sera desservie ou pas ? La Ville ! C'est elle qui est chargée de mettre en œuvre cette action découlant de la Loi sur la qualité de l'environnement et, ainsi, de déployer ce type de collecte graduellement sur son territoire.

8 h

On sort maintenant de la maison et on prend le transport en commun pour se rendre au travail, question d'éviter les bouchons de circulation et de profiter d'un moment de relaxation avant d'entamer notre journée bien chargée. Bien qu'ils soient financés en partie par les usagères et usagers, la plus grande part du financement de l'exploitation de nos réseaux de transport collectif relève des Villes et du gouvernement du Québec. Si nous parlons d'un transport « structurant » (ex. : REM, tramway, métro, etc.), il y a aussi de fortes chances que le gouvernement fédéral ait joué un rôle crucial dans le financement de sa réalisation.

8 h 45

On arrive sur les lieux de notre travail, on retrouve nos collègues et on utilise l'ordinateur de notre entreprise, qui évolue dans un domaine stratégique pour le Québec, pour lequel elle reçoit un appui financier gouvernemental, à la source de la création de notre emploi.

11 h

Pendant la pause matinale, on prend le temps de discuter de potentielles améliorations à nos conditions de travail avec le représentant syndical, dont l'action est encadrée par la Loi sur les syndicats professionnels et la Loi sur les normes du travail, toutes deux votées et réformées au fil du temps par l'Assemblée nationale.

Je pourrais continuer longtemps ainsi, à dresser l'effet concret de la politique dans nos vies. Et il n'est même pas encore midi !

Le verre à moitié vide

Même si la politique est importante et omniprésente dans nos vies, il est vrai que certains de ses aspects peuvent nous agacer et susciter du désintérêt ou un désengagement.

→ Trop complexe

Je l'avoue, les politicien·ne·s ne font souvent pas assez d'efforts pour vulgariser l'information et inclure tout le monde dans les conversations politiques (incluant celles ayant lieu dans les médias). Celles-ci ont majoritairement lieu entre « initié·e·s », en tenant pour acquis que le grand public saisit toujours *toutes* les nuances, ou qu'il détient *toute* l'information nécessaire pour se retrouver dans *tous* les débats, comme celles et ceux qui baignent là-dedans au quotidien. C'est illusoire de croire ça.

→ Peu accessible

L'éducation à la citoyenneté vient à peine de faire son entrée dans nos écoles (il était temps !). Dans les médias traditionnels, on consacre encore la majorité du temps d'antenne aux histoires sensationnelles au lieu d'outiller la population pour qu'elle se fasse une tête sur les différents enjeux, tandis que les algorithmes récompensant le « contenu viral » se chargent de faire la même chose sur les réseaux sociaux.

→ Décourageante

À l'heure où l'on nous bombarde d'informations négatives (et il y en a beaucoup, c'est la triste vérité), tant par le biais des plateformes numériques que par celui des médias traditionnels, la politique peut nous décourager en exacerbant notre sentiment d'impuissance face aux immenses défis qui se dressent devant nous. La crise climatique en est un bon exemple.

→ Génératrice de méfiance

Entre scandales de corruption, promesses électorales rompues et partisanerie à outrance, on ne peut pas dire que celles et ceux qui exercent une fonction politique soient toujours exemplaires.

Le *verre* à moitié *plein*

On juge souvent sévèrement la politique en insistant sur ses défauts, comme je viens de le faire. Si rien n'est évidemment parfait (je suis la première à réclamer un changement de culture, en mettant un frein à la partisanerie et en préférant la collaboration), on peut aussi décider de miser sur ses qualités. Lorsque j'ai annoncé mon intention de présenter ma candidature pour un deuxième mandat à la tête de la Ville de Longueuil, j'ai exprimé ce qui m'apparaît une évidence au regard de mon expérience des 15 dernières années : la politique, ça peut aussi être beau.

→ Créatrice de relations avec d'autres personnes avides de changement

Je crois que la politique est avant tout une formidable expérience humaine, où tout le monde met du sien, avec cœur et énergie, pour faire avancer une cause commune.

→ Porteuse de sens en étant dans l'action, là où ça compte

L'engagement politique est le meilleur moyen de combattre l'anxiété qui peut nous habiter lorsqu'on pense à l'avenir, puisque nous contribuons directement à le bâtir. La quête de sens ainsi acquise permet aussi d'être plus en phase avec soi-même, en tant qu'individu.

→ Transformatrice grâce à ses répercussions positives et directes sur la population

La politique a le pouvoir d'améliorer concrètement la vie de milliers, voire de millions de personnes, en seulement quelques gestes et décisions, somme toute parfois en très peu de temps.

→ Vectrice de créativité

La politique permet littéralement d'imaginer et de façonner le futur !

Les jeu et la po

Trois questions au politologue Jean-François Daoust

Titulaire d'un doctorat en science politique de l'Université de Montréal, Jean-François Daoust est professeur agrégé à l'Université de Sherbrooke et signe des chroniques pour *Noovo Info*. Dans le cadre de ses recherches, il s'intéresse spécifiquement aux questions de participation électorale et de comportements politiques. Jean-François est l'une des personnes ayant joué un rôle important dans mon parcours, d'abord en me convainquant de prendre sa relève à la présidence d'une association politique lorsque nous étions à l'université, puis en me prodiguant des conseils en communication lors de mes premières campagnes électorales.

nes
litique

1

Les jeunes sont moins intéressé·e·s par la politique : mythe ou réalité ?

C'est bel et bien une réalité. Et c'est une situation qu'on retrouve à tous les ordres de gouvernement, que ce soit au fédéral, au provincial ou encore au municipal. De plus, ce n'est pas un phénomène propre au Québec ou au Canada. En effet, on retrouve cette différence entre les générations dans la vaste majorité des démocraties occidentales.

Par exemple, j'ai analysé des données de sondage récoltées lors de la dernière élection québécoise de 2022, qui incluaient une question mesurant le niveau d'intérêt pour la politique sur une échelle allant de 0 à 10. Si l'on se concentre sur les personnes très intéressées par la politique, c'est-à-dire celles qui indiquent une valeur de 8, 9 ou 10 sur l'échelle, on peut dire qu'il y a 27 % des jeunes de 18-34 ans qui sont très intéressé·e·s, comparativement à 42 % pour les 35-59 ans et 54 % pour les personnes âgées de plus de 60 ans. Une autre façon d'illustrer l'écart consiste à regarder les moyennes sur l'échelle de 0 à 10, mais ce n'est pas plus encourageant de ce côté. Les jeunes indiquent un résultat moyen de 5,6, contre 6,5 et 7,2 respectivement pour les personnes âgées de 35-59 ans et de 60 ans et plus.

Est-ce que ce désintérêt se répercute sur la participation électorale ?

Oui. Les jeunes de 18-34 ans ont nettement moins tendance à voter. Encore une fois, cela s'applique en général et pas à un seul type d'élection. Reprenons l'exemple de la dernière élection québécoise (2022). Dans ce cas, 54 % des jeunes de 18-34 ans sont allé·e·s voter, comparativement, par exemple, à 66 % chez les 45-54 ans ou encore 78 % chez les 65-74 ans.

Plusieurs études se penchent sur cet écart. De mon côté, j'ai démontré avec André Blais dans notre livre *The Motivation to Vote* (UBC Press, 2020) que l'intérêt pour la politique et le sens du devoir civique (représentant le fait de considérer que voter est un devoir davantage qu'un droit ou un choix) sont deux prédispositions fondamentales pour comprendre la participation électorale. Or, nous illustrons également que les jeunes sont, comme mentionné précédemment, moins intéressé·e·s par la politique et ont également un sens du devoir civique moins fort que leurs aîné·e·s. Ces deux facteurs expliquent une bonne partie de l'écart entre les différentes générations.

Il y a évidemment d'autres facteurs à prendre en compte. Même au sein du groupe des 18-34 ans, le contexte varie selon qu'une personne habite encore ou non le nid familial et peut se fier à un parent pour aller voter ou obtenir l'information nécessaire (par exemple sur le lieu de votation).

La difficulté à aller voter est selon moi un facteur auquel on accorde trop d'importance. Nous avons démontré que la vaste majorité des citoyens et citoyennes considèrent qu'il est soit très facile ou plutôt facile de voter. Autrement dit, les abstentionnistes ne vont pas bouder les urnes simplement parce que voter serait (trop) difficile. Il faut, la plupart du temps, chercher une cause qui n'est pas reliée au niveau de facilité ou de difficulté du vote.

Les gouvernements et les partis politiques ont-ils un rôle à jouer dans la mobilisation des jeunes générations ?

Oui ! J'aurais d'ailleurs trois suggestions pour eux :

- Le gouvernement québécois devrait s'assurer que le cursus scolaire (récemment réformé) aborde la démocratie et surtout l'acte d'aller voter comme un devoir civique. Même si les institutions comme Élections Canada ou Élections Québec font un bon travail dans l'ensemble avec leurs différentes campagnes de communication, l'éducation reste le levier le plus efficace à cet égard, bien que ses effets soient très graduels et lents.

- Les partis politiques devraient garder un œil sur le profil de leurs candidatures quant à l'âge de ces dernières, en tentant le plus possible d'avoir un nombre important de jeunes entre 18 et 34 ans.

- Les partis politiques devraient s'assurer de ne pas négliger les enjeux considérés comme importants par les jeunes (les changements climatiques et l'environnement, entre autres), qui ne correspondent pas toujours aux priorités de l'électorat plus âgé. L'équilibre est difficile à atteindre, car il ne faut pas non plus délaisser les aîné·e·s. Mais si les partis politiques en parlaient davantage, on peut supposer que les jeunes pourraient se sentir plus interpellé·e·s et, idéalement, plus intéressé·e·s par la politique.

NOTRE SYST POLT

en 15 *top*

ÈME
TIQUE

minutes
chrono

Le Canada, une *monarchie* constitu-tionnelle

Pour faire simple, disons qu'il existe deux grandes formes d'États démocratiques dans le monde : les républiques (comme les États-Unis, le Brésil, la France ou l'Italie) et les monarchies constitutionnelles (comme le Canada et les autres pays qui sont des ex-colonies britanniques, par exemple l'Australie et la Nouvelle-Zélande, mais aussi le Danemark, les Pays-Bas et la Belgique, pour ne nommer que ceux-là). La monarchie, par définition, a un monarque (un roi ou une reine) à sa tête. Dans une monarchie constitutionnelle, le pouvoir de ce monarque est cependant encadré par ce qu'on appelle une constitution. Éclaircissons tout cela ensemble.

Qui est réellement à la tête de notre pays ?

Le roi ou la reine du Royaume-Uni

Aujourd'hui, ce règne est assuré par Charles III depuis le décès de sa mère Elizabeth II, souveraine de 1952 à 2022. Ce sont les vrai·e·s chefs d'État du Canada et, par ricochet, du Québec. Même si le pays s'est affranchi du Royaume-Uni (anciennement l'Empire britannique) lors du rapatriement de la Constitution en 1982 sous la gouverne du premier ministre Pierre Elliott Trudeau (nous y reviendrons), nous demeurons collectivement à ce jour des sujets de la Couronne, un statut plutôt symbolique, qui rappelle la relation historique avec la monarchie britannique.

La ou le gouverneur général du Canada et les lieutenant·e·s-gouverneur·e·s des provinces

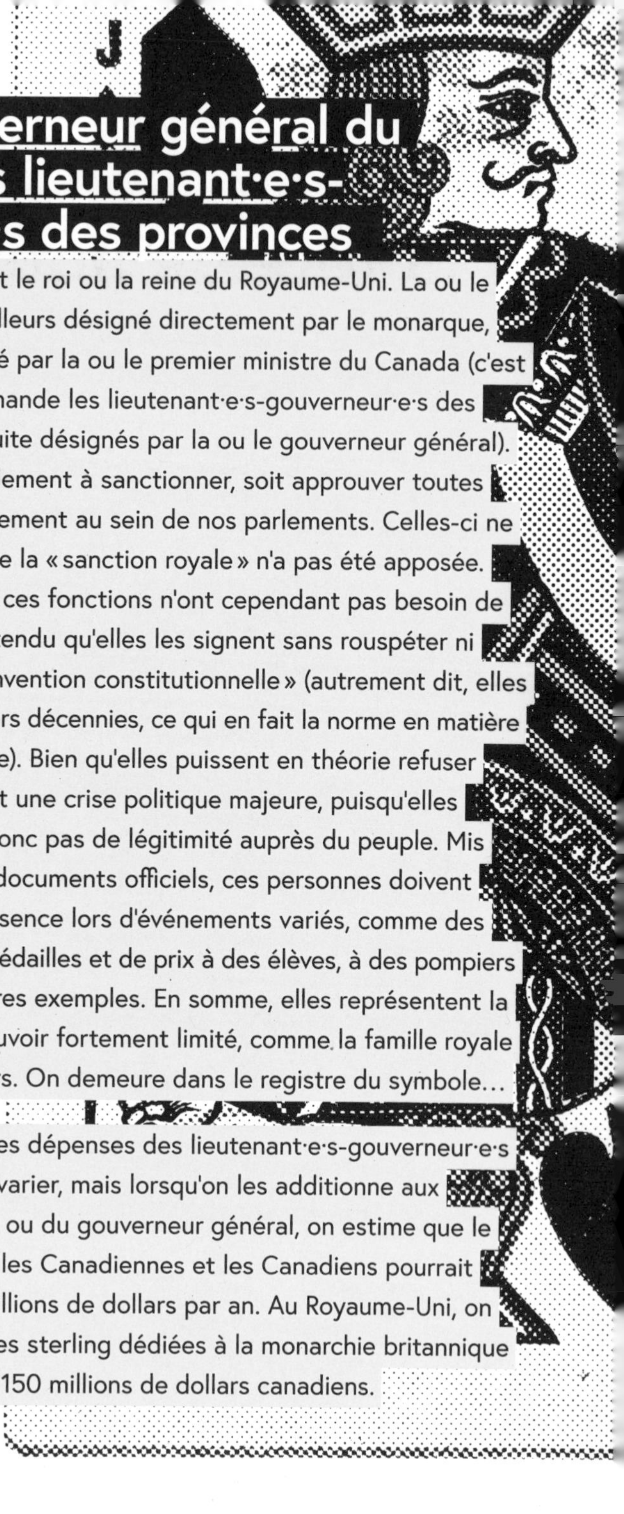

Ces personnes représentent le roi ou la reine du Royaume-Uni. La ou le gouverneur général est d'ailleurs désigné directement par le monarque, après avoir été recommandé par la ou le premier ministre du Canada (c'est aussi ce dernier qui recommande les lieutenant·e·s-gouverneur·e·s des provinces, qui sont par la suite désignés par la ou le gouverneur général). Leur rôle consiste essentiellement à sanctionner, soit approuver toutes les lois votées démocratiquement au sein de nos parlements. Celles-ci ne sont pas en vigueur tant que la « sanction royale » n'a pas été apposée. Les personnes qui exercent ces fonctions n'ont cependant pas besoin de les analyser puisqu'il est attendu qu'elles les signent sans rouspéter ni poser de question, par « convention constitutionnelle » (autrement dit, elles agissent ainsi depuis plusieurs décennies, ce qui en fait la norme en matière constitutionnelle canadienne). Bien qu'elles puissent en théorie refuser de le faire, cela provoquerait une crise politique majeure, puisqu'elles ne sont pas élues et n'ont donc pas de légitimité auprès du peuple. Mis à part signer une tonne de documents officiels, ces personnes doivent également faire acte de présence lors d'événements variés, comme des cérémonies de remises de médailles et de prix à des élèves, à des pompiers et à des policiers, entre autres exemples. En somme, elles représentent la monarchie, mais avec un pouvoir fortement limité, comme la famille royale au Royaume-Uni de nos jours. On demeure dans le registre du symbole…

Une carte qui vaut cher! Les dépenses des lieutenant·e·s-gouverneur·e·s dans les provinces peuvent varier, mais lorsqu'on les additionne aux frais liés aux fonctions de la ou du gouverneur général, on estime que le montant total déboursé par les Canadiennes et les Canadiens pourrait tourner autour de 10 à 15 millions de dollars par an. Au Royaume-Uni, on parlait de 85 millions de livres sterling dédiées à la monarchie britannique en 2021, soit l'équivalent de 150 millions de dollars canadiens.

Dieu !

Vous avez bien lu : une divinité se taille une place encore plus importante au sommet de l'État canadien, en vertu de la Constitution… En effet, celle-ci prévoit la notion de « suprématie de Dieu » juste avant la « primauté du droit ». À l'heure où la société canadienne est de plus en plus cosmopolite (et de ce fait même multiconfessionnelle) et où la laïcité de l'État a caractère légal au Québec, cet héritage toujours inscrit noir sur blanc à même la loi fondamentale de notre pays a de quoi faire… sourciller.

La ou le premier ministre

C'est le rôle le plus fort parmi les cartes « régulières », c'est-à-dire parmi les personnes qui occupent des fonctions électives et qui sont donc choisies par le peuple par le biais d'un vote démocratique (député·e·s, mairesses et maires, conseillères et conseillers municipaux…). En pratique, c'est la personne occupant cette fonction qui est réellement à la tête du pays ou de la province.

Histoire vraie !

L'adoption du budget 2024 de la Ville de Longueuil a dû être repoussée de quelques heures puisqu'un peu plus tôt dans la journée, l'Assemblée nationale avait adopté le projet de loi 39 modifiant certaines dispositions de la Loi sur la fiscalité municipale, et nous attendions la sanction royale — c'est-à-dire la signature du lieutenant-gouverneur — pour que la loi entre en vigueur. Ces changements allaient notamment permettre aux municipalités d'augmenter les taux de taxes sur les terrains visés par des mesures de protection des milieux naturels afin d'inciter leurs propriétaires à les céder à des organismes de conservation, soit un exemple de ce qu'on appelle l'« écofiscalité », c'est-à-dire une fiscalité utilisée pour influencer des comportements ayant des répercussions sur l'environnement. Dans ce cas-ci, pas d'approbation du roi, pas de nouvelles taxes écofiscales pour la Ville.

Entendons-nous : contrairement à une monarchie absolue où le roi ou la reine jouit d'un pouvoir total, le pouvoir royal demeure somme toute symbolique dans notre régime politique, comme nous venons de le voir, mais il a des implications bien réelles, au-delà même de l'aspect financier.

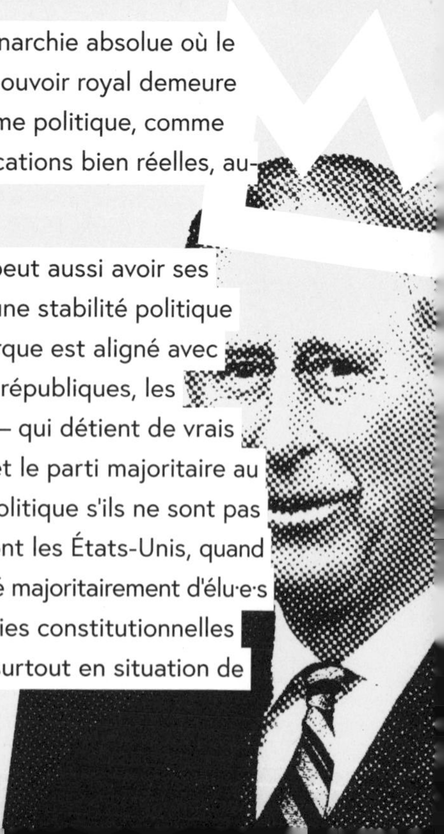

D'un regard objectif, ce régime politique peut aussi avoir ses qualités. Au premier chef, celle d'assurer une stabilité politique dans le pays, puisque le pouvoir du monarque est aligné avec le gouvernement en tout temps. Dans les républiques, les tiraillements entre la ou le président élu — qui détient de vrais pouvoirs, contrairement au monarque — et le parti majoritaire au Parlement paralysent souvent la sphère politique s'ils ne sont pas du même parti. Le meilleur exemple, ce sont les États-Unis, quand le président fait face à un Congrès composé majoritairement d'élu·e·s du parti adverse. *A contrario*, les monarchies constitutionnelles sont des exemples de stabilité politique, surtout en situation de gouvernement majoritaire.

L'INFO DE +

En plus d'être les seul·e·s maîtres de la mise en vigueur de nos lois, c'est aussi sur la ou le gouverneur général et les lieutenant·e·s-gouverneur·e·s que reposent la formation ou la dissolution de nos parlements élus démocratiquement. Autrement dit, ils et elles ont la responsabilité de déclencher des élections ou de désigner le gouvernement au terme du vote.

Dans les faits, ces personnes suivent le protocole et font ce qui est attendu de leur part, sans s'interposer outre mesure (par exemple en dissolvant ou en prorogeant le Parlement à la demande de la ou du premier ministre). Mais dans de rares circonstances, elles doivent intervenir et jouer un rôle de premier plan. C'est ce qui s'est passé quelques semaines après les élections fédérales du 14 octobre 2008. Le gouvernement conservateur de Stephen Harper venait tout juste d'être réélu de façon minoritaire. C'est alors qu'une alliance formée des chefs du Parti libéral du Canada (PLC), du Nouveau Parti démocratique (NPD) et du Bloc québécois (BQ) — qui détenaient, à trois, la majorité des sièges de la Chambre des communes — a fait connaître à la gouverneure générale de l'époque, Michaëlle Jean, son intention de renverser le gouvernement en place. À la demande du premier ministre Harper, qui souhaitait gagner du temps pour empêcher un tel scénario de se produire (il aura d'ailleurs gagné son pari grâce à la démission du chef libéral peu de temps après), la gouverneure générale a alors décidé de proroger le Parlement canadien, c'est-à-dire de mettre fin à ses travaux pour une période déterminée.

Ce mode de fonctionnement est lié au fait que notre régime politique est une « monarchie constitutionnelle », comme je le mentionnais d'entrée de jeu. Ça peut sembler gros comme ça, mais le mot « constitutionnelle » est ici plus important que « monarchie », comme le pouvoir de la monarchie est justement très encadré par la Constitution.

Une constitution, ça mange quoi en hiver ?

Une constitution est la « loi suprême » régissant un État. C'est elle qui a préséance sur toutes les autres. Elle dicte à la fois le rôle et le fonctionnement de l'État via ses pouvoirs législatifs, exécutifs et juridiques (détaillés aux pages 38-39), ses valeurs, ainsi que les droits et devoirs de ses citoyennes et de ses citoyens. C'est aussi elle qui indique qui, du fédéral ou des provinces, est responsable de quoi (détaillé aux pages 40-41).

La Constitution canadienne a été adoptée à Londres par le Parlement britannique en 1867, mais c'est en 1982 qu'elle a été rapatriée au Canada, et donc que notre pays a pu s'affranchir du Royaume-Uni en se dotant de son propre mécanisme d'amendement constitutionnel, afin de pouvoir en modifier le contenu et, ainsi, d'y intégrer la toute nouvelle Charte canadienne des droits et libertés. À cet égard, il convient de rappeler qu'une constitution doit habituellement être ratifiée (approuvée) par le peuple, mais qu'encore à ce jour, aucun gouvernement québécois n'a accepté de signer la Constitution. Ce refus est d'ailleurs une façon de protester quant à la méthode employée à l'époque. En effet, René Lévesque — le premier ministre du Québec en 1982, au moment du rapatriement — a été écarté en catimini des discussions ayant mené à une entente sur la formule d'amendement. On appelle cet épisode « la Nuit des longs couteaux », faisant référence aux « poignards » symboliques infligés par le fédéral et les autres provinces, qui étaient en désaccord avec le droit de *veto* demandé par René Lévesque pour que le Québec puisse protéger sa spécificité linguistique et culturelle.

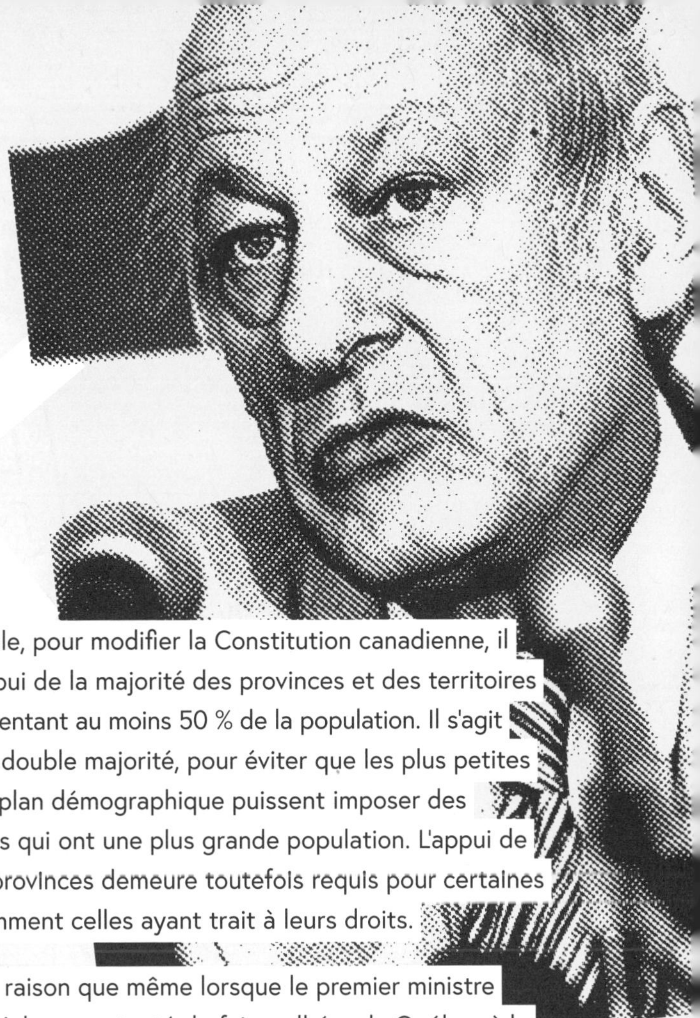

De façon générale, pour modifier la Constitution canadienne, il faut obtenir l'appui de la majorité des provinces et des territoires (7 sur 13), représentant au moins 50 % de la population. Il s'agit d'un système de double majorité, pour éviter que les plus petites provinces sur le plan démographique puissent imposer des décisions à celles qui ont une plus grande population. L'appui de l'unanimité des provinces demeure toutefois requis pour certaines questions, notamment celles ayant trait à leurs droits.

C'est pour cette raison que même lorsque le premier ministre canadien Brian Mulroney a tenté de faire adhérer le Québec à la Constitution canadienne en 1987 en lui accordant un droit de *veto* (et sa reconnaissance comme « société distincte »), cette initiative de bonne volonté appuyée par le premier ministre québécois Robert Bourassa a finalement échoué en 1990 des suites des votes défavorables du Manitoba et de Terre-Neuve.

Ainsi, à ce jour, le Québec n'a toujours pas signé la Constitution canadienne, par principe. Elle s'applique néanmoins sur notre territoire comme sur celui de l'ensemble des provinces signataires, puisque le Québec fait partie du Canada.

Le labyrinthe du « qui fait quoi »

C'est donc la Constitution du Canada, l'ultime guide d'organisation du pays, qui nous dicte le fonctionnement de l'État et détermine qui s'occupe de quoi. Mais je l'admets, le monde politique peut parfois ressembler à un labyrinthe. On ne sait pas trop quel chemin emprunter pour arriver à un but donné. Tentons d'y voir un peu plus clair.

Un système politique à trois branches

(indépendantes mais interreliées)

Le législatif

Celles et ceux qui votent les lois et les règlements.

- Les député·e·s.
- Les sénatrices et les sénateurs (au fédéral seulement).*
- Les conseillères et conseillers municipaux.
- Les mairesses et maires.

* Leur fonction est cependant très limitée. Ces personnes jouent un rôle de conseil plus qu'un rôle décisionnel, compte tenu du fait qu'elles sont nommées et non élues. Par le fait même, elles ne représentent donc pas les choix démocratiques de la population de la même façon que peuvent le faire les député·e·s. Néanmoins, leur aval est nécessaire pour qu'un projet de loi puisse officiellement être adopté par le Parlement canadien. Elles peuvent parfois bloquer des projets de loi. Elles ont même la possibilité d'en déposer, tant que ceux-ci n'ont pas d'incidence financière.

L'exécutif

Celles et ceux qui mettent en œuvre les lois et les règlements issus de lois adoptées par le législatif, dirigent les affaires gouvernementales quotidiennes et dictent les grandes orientations des politiques publiques.

- Les membres du Conseil des ministres (ou d'un comité exécutif, au municipal), par le biais de leurs indications à l'administration publique.

Le judiciaire

Celles et ceux dont le mandat est de résoudre les conflits et désaccords liés aux lois.

- Les juges des différents tribunaux : fédéraux, provinciaux et municipaux.*

* Au Canada, le judiciaire est indépendant du politique, mais les recommandations de nominations de juges viennent des gouvernements (fédéral pour les cours fédérales et supérieures ; provinciaux pour les cours provinciales et municipales).

Le partage des compétences

Chaque ordre de gouvernement est responsable de certains dossiers ou enjeux.

La théorie*

Canada

Le transport interprovincial (routes terrestres et traversiers)

La justice criminelle

Les affaires autochtones

Les banques

L'assurance-emploi

Le service postal

La sécurité de la vieillesse (pensions)

La défense (l'armée)

La navigation

Les chemins de fer

Les pêcheries

Les statistiques et le recensement

Les pénitenciers (peines minimales de plus de deux ans)

La monnaie

Les télégraphes**

La réglementation du trafic et du commerce

* En vertu de la Loi constitutionnelle de 1867, articles 91 et 92, et de la jurisprudence.

** Actualisé et redéfini par « les télécommunications ».

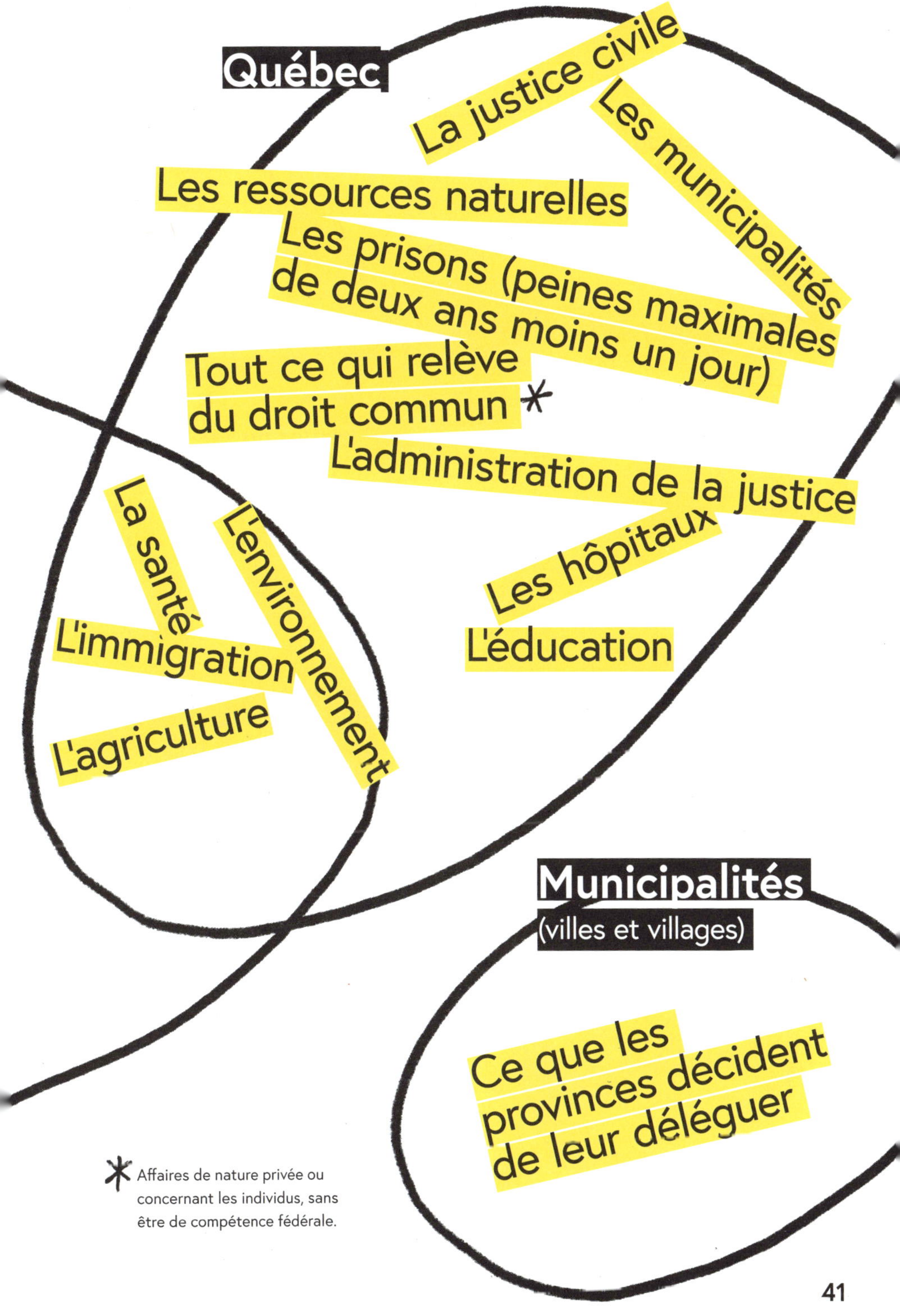

* Affaires de nature privée ou concernant les individus, sans être de compétence fédérale.

Oui, vous avez bien vu ! Certaines « compétences » sont autant de la responsabilité du Québec que du Canada. Pourquoi ? Parce qu'elles ont été déterminées comme étant des « pouvoirs partagés » (sécurité de la vieillesse, immigration, agriculture) dans la Loi constitutionnelle de 1867, ou l'ont été plus tard (santé, environnement), des suites de décisions des tribunaux. La somme de ces décisions est appelée « jurisprudence », dans le jargon des professionnel·le·s du droit. On s'y réfère souvent pour trancher des situations similaires à d'autres. Elle évolue donc continuellement et influence directement l'interprétation de la Constitution.

Oui, vous avez encore bien vu ! Le palier municipal n'existe tout simplement pas dans la Constitution canadienne, contrairement aux paliers fédéral et provincial ! Dans cette dernière, il est écrit noir sur blanc que les municipalités relèvent des provinces (pour l'illustrer, on utilise souvent l'expression un peu étrange « créatures des provinces »). Les provinces peuvent donc disposer des municipalités comme elles l'entendent. Le gouvernement du Québec, par exemple, pourrait carrément choisir d'abolir les Villes s'il le souhaitait (même si ce serait sans doute complexe sur le plan du droit) ! Pour cette même raison, ce sont les provinces qui déterminent les responsabilités des Villes (tout en n'étant pas obligées de leur fournir les moyens financiers associés).

L'INFO DE +

Les questions constitutionnelles au Canada sont… compliquées ! Et ce n'est que la pointe de l'iceberg.

Le gouvernement fédéral détient trois « superpouvoirs » :

1. Le pouvoir résiduaire

D'abord, comme les responsabilités attribuées dans la Constitution datent de 1867 (et qu'elles ont donc un âge vénérable de plus de 150 ans), il existe un tour de passe-passe par lequel on peut déterminer qui s'occupera des « nouvelles compétences », soit les domaines d'action des gouvernements qui apparaissent avec le temps (auriez-vous entendu parler des aéroports, par hasard ?). Ce mécanisme s'appelle : l'exercice du « pouvoir résiduaire ». Eh oui, en vrais fin finauds, les Pères de la Confédération (quelque 36 hommes désignés pour déterminer le fonctionnement de notre pays) avaient prévu le coup ! Ils ne se sont toutefois pas cassé la tête : ils l'ont octroyé entièrement au pouvoir fédéral. Tout ce qui est « nouveau » devient donc *de facto* une responsabilité du gouvernement canadien, à moins que cette « nouveauté » puisse se rattacher à une autre responsabilité déjà prévue en 1867, ou que le gouvernement ne décide de la déléguer. C'est ce que ferait tout bon gestionnaire pour s'assurer de l'efficacité de son organisation. Entre nous, force est cependant d'admettre que le fédéral ne s'est pas particulièrement distingué en la matière, puisque les exemples de délégation ont été rarissimes au fil de notre histoire…

2. Le pouvoir de l'« avantage général du Canada »

En vertu de la Constitution, tout ouvrage situé sur le territoire canadien, comme une infrastructure, peut être déclaré par le fédéral comme relevant de sa compétence, notamment en matière d'énergie (une compétence provinciale), si c'est à l'« avantage général du Canada », en fonction d'un contexte donné. Cela signifie, par exemple, que si le pays faisait face à une crise énergétique majeure, le gouvernement canadien pourrait, en théorie, assujettir les installations d'Hydro-Québec aux lois fédérales. C'est d'ailleurs la crainte de l'utilisation de ce superpouvoir qui est périodiquement invoquée lorsqu'il est question de projets d'oléoducs de pétrole traversant les provinces, dont la construction pourrait être imposée en vertu de cet « avantage général », malgré l'opposition citoyenne parfois forte et le fait que certaines provinces seraient défavorables au projet.

3. Le pouvoir de dépenser

Bon, OK, il est vrai que tous les gouvernements ont le « droit » de dépenser, mais pas pour n'importe quoi. Le gouvernement du Québec ne pourrait pas acheter des avions militaires pour financer sa propre armée, puisque la défense est une compétence fédérale. *A contrario*, le pouvoir de dépenser du gouvernement du Canada lui permet de disposer de son budget comme bon lui semble. Le fédéral pourrait ainsi décider d'investir un montant X dans l'éducation, même si ce domaine relève d'une compétence provinciale. Il le fait régulièrement. Cette pratique est d'ailleurs largement dénoncée par les provinces, dont le Québec, qui estiment que le gouvernement fédéral accapare une trop grande portion des revenus fiscaux par rapport à leurs champs de responsabilité, laissant les provinces avec des revenus insuffisants pour faire face à leurs charges et alimentant de ce fait la propension du gouvernement fédéral à intervenir dans les domaines ne relevant pas de sa compétence.

Pour sa part, le Québec dispose de certains aménagements au sein de la fédération canadienne en comparaison des autres provinces (même si leur portée est à des années-lumière des trois « superpouvoirs » fédéraux). C'est notamment le cas de l'immigration, avec l'accord Canada-Québec, ou encore des relations internationales, en vertu de la doctrine Gérin-Lajoie, officialisée en 1965. La première entente encadre la sélection des personnes immigrantes et la francisation, dévolues au Québec, tandis que la seconde autorise notre province à entretenir ses propres relations avec d'autres pays dans les domaines relevant de ses compétences exclusives (donc déterminées par le partage des compétences). Si cette dernière s'applique également aux autres provinces, seul le Québec agit véritablement en ce sens de façon proactive, notamment en culture (pour des raisons évidentes). Le Québec est également la seule province à pouvoir exiger que les fonds fédéraux destinés aux municipalités passent d'abord par elle.

Le *partage* des compé-tences, ??? de la *théorie* à la → pratique :

Canada

Le développement social, dont celui des familles, des enfants et des aîné·e·s

L'énergie et les ressources naturelles

La réglementation du trafic et du commerce

Le service postal

Les aéroports

La sécurité publique (Gendarmerie royale du Canada)

Les statistiques et le recensement

Les technologies et le Web

Le transport

Les douanes

Les pénitenciers (peines minimales de plus de deux ans)

La défense (l'armée)

Les affaires autochtones

Les chemins de fer

Les banques

La monnaie

Les télécommunications

L'assurance-emploi

Toute nouvelle responsabilité émergente (grâce au pouvoir résiduaire)

La justice criminelle

Les pêcheries

Tout ce sur quoi il a envie d'intervenir (grâce au pouvoir de dépenser)

La sécurité de la vieillesse (pensions)

L'agriculture

La santé

L'innovation et la recherche

Les infrastructures

L'immigration

Le patrimoine et la culture

L'environnement

L'habitation

Les parcs industriels

Les matières résiduelles

Le logement social et l'aide aux sans-abris

La sécurité publique, la paix et le bon ordre

Québec

L'économie

L'éducation

La solidarité sociale

L'administration de la justice

Le commerce de l'alcool (SAQ) et du cannabis (SQDC)

Les assurances

L'emploi

L'énergie et les ressources naturelles (par exemple Hydro-Québec)

Les hôpitaux

La famille, la jeunesse et les aîné·e·s

Les ordres professionnels

Le droit civil, dont le droit des biens, des personnes et de la jeunesse

La sécurité publique (Sûreté du Québec)

La protection du consommateur

La cour municipale

Les prisons (peines maximales de deux ans moins un jour)

Les services sociaux, incluant la protection de la jeunesse (DPJ) et l'itinérance

Municipalités*

L'alimentation en eau potable (aqueducs), les égouts et l'assainissement des eaux

Les lacs et les cours d'eau municipaux

Le transport collectif

Le développement économique local

L'aménagement et l'urbanisme

Les systèmes communautaires de communication

Les parcs

Les activités communautaires

Les voies publiques locales

Les activités culturelles (certains théâtres, bibliothèques)

La voirie, dont la réfection des rues locales

La prévention de la toxicomanie et de la prostitution et la lutte contre celles-ci

La promotion du territoire, y compris à des fins touristiques

Le stationnement

Les loisirs

Les nuisances (salubrité, bruit, végétation envahissante, etc.)

* Pour simplifier, j'inclurai ici ce qui relève également du champ de compétences des communautés métropolitaines, des agglomérations et des municipalités régionales de comté (MRC), soit des niveaux de gouvernance supplémentaires à l'intérieur du monde municipal (oui, encore d'autres !).

La réalité

Vous avez la flemme de relever ce qui diffère entre la théorie et la pratique ? Je vous résume ça bien simplement :

Le gouvernement du Canada tend à se mêler des responsabilités du gouvernement du Québec (en faisant ce qu'on appelle de l'« intrusion dans les champs de compétence » d'une province).

Le gouvernement du Québec tend à pelleter ses responsabilités dans la cour des municipalités (parce que les municipalités sont considérées comme des « créatures des provinces », comme on l'a vu à la page 42).

Ce qui coince avec le partage des compétences...

Dicter sans soutien financier adéquat : Un classique, qui s'observe à plusieurs niveaux ! Le gouvernement fédéral, par exemple, a annoncé de nouvelles normes environnementales à respecter pour le traitement des eaux usées, assuré par les Villes, entraînant la nécessité de recourir à de nouvelles technologies très onéreuses, dépassant les centaines de millions de dollars pour une seule usine. Cette tendance s'observe également avec la gestion des matières résiduelles (poubelles, recyclage, compost...). C'est une responsabilité municipale, et pourtant, c'est souvent le provincial qui dicte comment ça se passe sur le terrain. En effet, les lois votées à l'Assemblée nationale et les règlements qui en découlent imposent certaines normes ou cibles à respecter par les municipalités, comme la collecte des bacs bruns (matières organiques) pour tous. Des aides financières sont alors dégagées pour appuyer les municipalités, mais la réalité est que bien que ces objectifs soient nobles, le soutien obtenu n'est bien souvent pas suffisant pour faire face à l'ampleur de la tâche.

Donner des passe-droits : J'ai ici en tête l'exemple d'un certain aéroport (hum, hum, peut-être à Longueuil) qui souhaite se développer sur le territoire d'une municipalité. Comme nous l'avons vu plus tôt, les aéroports sont une compétence fédérale en vertu du pouvoir résiduaire, mais d'un autre côté, les municipalités sont censées pouvoir intervenir sur le volet économique de leur développement, du moins selon la Loi sur l'exercice de certaines compétences dans certaines agglomérations, adoptée par l'Assemblée nationale du Québec. Néanmoins, parce qu'il relève de la compétence fédérale résiduaire en la matière, la ou le gestionnaire d'un aéroport canadien n'a pas à se badrer de demander un permis à la municipalité sur laquelle il se trouve s'il souhaite construire un ouvrage en lien avec ses activités aéroportuaires, contrairement à tous ses autres comparses propriétaires d'autres infrastructures sur le territoire de la même municipalité.

Canada
États

Trois questions à la politologue Valérie Beaudoin

Détentrice d'une maîtrise en études politiques appliquées de l'Université de Sherbrooke, chroniqueuse dans de nombreux médias et animatrice du balado Miss America (Cogeco), Valérie Beaudoin est chercheuse associée à l'Observatoire sur les États-Unis de la Chaire Raoul-Dandurand en études stratégiques et diplomatiques à l'Université du Québec à Montréal (UQAM). Transparence totale : c'est aussi ma meilleure amie !

-Unis

1

Quelles sont les principales différences entre la politique canadienne/québécoise et la politique américaine ?

Ouf ! Il y en a beaucoup. Les Américains ont beau être nos voisins, lorsqu'on analyse les deux systèmes politiques de près, on réalise qu'il y a beaucoup plus de différences que de similarités.

Similarités

→ **Deux démocraties**

- Le Canada et les États-Unis sont des pays démocratiques, où les citoyen·ne·s, dès l'âge de 18 ans, ont le droit d'élire leurs représentant·e·s.

→ **Mode de scrutin**

- Les États-Unis et le Canada utilisent un système majoritaire uninominal à un tour pour leurs élections (le ou la candidate ayant le plus de votes dans une circonscription remporte le siège). Petites exceptions : les États américains de la Géorgie et de l'Alaska.

→ **Trois branches du pouvoir**

- Dans les deux systèmes, on retrouve l'exécutif, le législatif et le judiciaire.

Les (principales !) différences

→ Deux seuls partis politiques

- Bien que le nombre de partis politiques ne soit pas limité par une quelconque loi aux États-Unis, en pratique, deux seuls partis peuvent espérer accéder au pouvoir : le Parti démocrate et le Parti républicain. Les démocrates sont plutôt à gauche sur le spectre politique et les républicains, à droite. Par exemple, Barack Obama était un président démocrate et son successeur, Donald Trump, est républicain.

→ Un Sénat élu au Congrès

- Aux États-Unis, le Congrès comprend 435 membres à la Chambre des représentants (les député·e·s, chez nous) et 100 sénateurs et sénatrices, qui sont élu·e·s. Au Canada, le Parlement compte 343 député·e·s et 105 sénateurs et sénatrices. Toutefois, le Sénat n'est pas élu, mais composé de membres recommandé·e·s par la ou le premier ministre (et nommé·e·s par la suite officiellement par la ou le gouverneur général). Leur rôle est également beaucoup moins important dans la hiérarchie politique.

→ Un bulletin de vote TRÈS complexe

- Leurs bulletins de vote peuvent compter plusieurs pages et ressembler à un véritable buffet politique. Les citoyen·ne·s votent non seulement pour la ou le président et la ou le vice-président tous les quatre ans, mais aussi pour tous les membres de la Chambre des représentants tous les deux ans, pour un tiers des sénateurs et sénatrices tous les deux ans (puisque leurs mandats durent six ans), ainsi que pour des représentant·e·s (député·e·s) à l'échelle de l'État, des gouverneur·e·s (l'équivalent des premiers et premières ministres des provinces), des shérifs, des coroners, des procureur·e·s, des maires et mairesses et même, dans certains cas, des juges! Si vous êtes confus·e, c'est un peu normal… Imaginez maintenant les électeurs et électrices des États-Unis! Au Canada, les gens ont tendance à se plaindre lorsqu'il y a plus d'une dizaine de noms sur un bulletin de vote…

- L'aspect positif: les électeurs et électrices ne sont pas obligé·e·s de voter d'un seul côté. Par exemple, il est possible de voter pour un président démocrate tout en choisissant une sénatrice républicaine, ce qui permet une plus grande souplesse et est franchement intéressant!

→ Un processus électoral encore plus compliqué que les bulletins de vote

- Les Américains aiment faire les choses différemment, et leur système de vote ne fait pas exception (pourquoi faire simple quand on peut faire compliqué…).

- L'élection de la ou du président repose sur un système de démocratie indirecte appelé «collège électoral». Lors de la rédaction de la Constitution, il a été déterminé que le pouvoir d'élire la ou le président était confié à un groupe d'individus appelés «grands électeurs». Le nombre de ces «grands électeurs» diffère d'un État à l'autre et est proportionnel à la population. En réalité, les Américains votent donc pour une ou un grand électeur qui aura la tâche de reproduire le vote lors d'une date ultérieure, prévue dans la Constitution. À l'origine, ce système a été mis en place parce que les pères fondateurs du pays n'avaient pas la certitude que les électeurs américains allaient faire « un bon choix » et préféraient donc confier cet exercice à des « éminences » désignées pour le faire. Avec ce vote indirect, les grands électeurs avaient le pouvoir d'aller à l'encontre du choix du peuple s'ils le jugeaient bon pour lui. Dans la pratique, les grands électeurs et grandes électrices n'ont heureusement qu'un rôle symbolique. Ainsi, dans presque 100 % des cas, ils et elles respectent le choix de la population.

→ Les référendums : beaucoup plus communs qu'ici

- Contrairement au Canada, où les référendums sont (très) rares, ils sont fréquents aux États-Unis et se tiennent dans presque tous les États, même lorsqu'il n'y a pas d'élection nationale de prévue. On organise donc des scrutins distincts pour tenir ceux-ci.
- Ils peuvent porter sur divers sujets, comme inclure le droit à l'avortement dans la Constitution de l'État (oui, il y a une constitution par État, en plus de celle du pays), augmenter le salaire minimum, ou même des propositions plutôt étranges comme attribuer 1 million $ US à une ou un électeur tiré au hasard (*scoop*: cette dernière n'a pas remporté l'appui majoritaire des votant·e·s). Il suffit qu'un·e citoyen·ne ou un groupe d'intérêts présente une idée et amasse le nombre requis de signatures (un peu comme une pétition). On pourrait parier que plusieurs Canadien·ne·s et Québécois·e·s — voire plusieurs parlementaires — rêveraient d'avoir une telle démocratie, plus directe, avec un impact réel sur la législation. Comme en Suisse, où les référendums sont encore plus courants, cela vient toutefois avec son pendant négatif : des scrutins parfois loufoques ou déraisonnables, et de faibles taux de participation.

→ Un véritable équilibre des pouvoirs

- L'une des plus grandes différences entre nos deux systèmes réside dans le système de *checks and balances* (l'équilibre des pouvoirs) propre aux États-Unis.

- Par exemple, un président démocrate peut être obligé de travailler avec un Congrès majoritairement républicain, ce qui force la négociation et le compromis… une mission parfois bien périlleuse. Comme il y a des élections tous les deux ans pour une grande partie des membres du Congrès, la couleur politique peut changer du bleu (démocrate) au rouge (républicain) à la mi-mandat d'un président, ce qui vient complètement changer la dynamique en place.

- Contrairement au Canada, où la ou le premier ministre gouverne avec la confiance du Parlement (c'est-à-dire avec l'appui des député·e·s), la ou le président américain doit souvent convaincre les membres du parti adverse pour faire avancer son programme politique, puisqu'il doit mettre une majorité d'élu·e·s de son côté à chaque vote — un exercice toujours à recommencer. Il arrive qu'il s'aventure aussi dans d'intenses négociations avec les membres de sa propre famille politique, qui n'ont pas à suivre la ligne de parti comme au Canada.

→ L'influence illimitée de l'argent

- Dernier élément de comparaison, et non le moindre : aux États-Unis, il n'existe pas de plafond pour les dons politiques, et les entreprises ont aussi le droit de contribuer aux campagnes électorales, en vertu du *free speech* (liberté d'expression) inscrit dans la Constitution, s'appliquant également aux personnes morales (compagnies). Concrètement, un individu ou une entreprise pourrait donc faire un don de plusieurs millions de dollars pour aider la campagne d'un candidat X sans que personne ne pose de question. Les groupes d'intérêts (ex. : pro-armes à feu, anti-avortement, syndicalistes, etc.) n'hésitent ainsi pas à ouvrir leur portefeuille aux candidat·e·s qui peuvent faire avancer leurs intérêts. Disons que la pression devient aussi forte pour les élu·e·s, qui « doivent » en quelque sorte leur élection à ces généreuses et généreux contributeurs. Éthique ? Pas nécessairement, en raison des pratiques que cette politique peut engendrer (retours d'ascenseur et « contrôle » des élu·e·s par des groupes externes). Légal ? Tout à fait.

Avoir une ou un président plutôt qu'une ou un premier ministre change-t-il quelque chose ?

Plus que ce qu'on pourrait penser ! Laissez-moi vous exposer pourquoi.

→ **La séparation des pouvoirs**

- Dans un régime présidentiel, comme aux États-Unis, la ou le président (aussi appelé POTUS — pour *President Of The United States*) incarne exclusivement le pouvoir exécutif et agit de manière indépendante au Congrès. Le pouvoir législatif est confié aux représentant·e·s (député·e·s) et aux sénateurs et sénatrices, qui votent et élaborent les lois.

- Dans un régime parlementaire, comme au Canada, la ou le premier ministre et son cabinet forment l'exécutif, mais font aussi partie du pouvoir législatif, puisque ces personnes sont d'abord élues comme député·e·s.

→ **Pouvoir et influence**

- Dans les films hollywoodiens, la présidence est souvent associée à une autorité suprême avec un président presque tout-puissant. Pourtant, un premier ministre canadien disposant d'une majorité absolue à la Chambre des communes a plus de pouvoir, car le système de *check and balances* n'a pas le même poids au Canada. Avec l'appui de son parti (confiance de la Chambre, dont la stabilité est assurée par la ligne de parti en contexte majoritaire), il peut faire adopter des lois plus facilement qu'un président devant composer avec un Congrès potentiellement divisé… ou d'élu·e·s récalcitrant·e·s !

- La différence s'explique par le type de régime desquels les deux leaders sont issu·e·s. Les États-Unis vivent sous un régime républicain, tandis que le Canada vit sous une monarchie constitutionnelle. Le monarque (roi ou reine du Royaume-Uni) délègue ici, en quelque sorte, son pouvoir au premier ou à la première ministre… Nos voisins du Sud ont voulu empêcher une telle concentration du pouvoir à la suite de la Révolution américaine (guerre d'indépendance vis-à-vis du Royaume-Uni), principalement motivés par les abus de la monarchie britannique. Ainsi, ces principes ont été inscrits dans la Déclaration d'indépendance des États-Unis du 4 juillet 1776. Cela étant dit, à l'instar du monarque au Canada (représenté par la gouverneure générale), le président américain doit signer les lois pour qu'elles entrent en vigueur. Contrairement à la gouverneure générale, le président peut cependant opposer son *veto* sur ces lois et ainsi refuser de les signer (étant élu, il a, pour sa part, la légitimité de poser ce geste). Ce *veto* peut être renversé par le Congrès avec un vote aux deux tiers de ses membres.

→ La limitation des mandats

- Aux États-Unis, une ou un président peut exercer deux mandats complets de quatre ans au maximum. Au Canada, il n'existe aucune limite au nombre de mandats d'une ou d'un premier ministre, et leur durée diffère (ils durent généralement quatre ans, mais peuvent être plus courts si le gouvernement perd la confiance de la Chambre, par exemple en contexte minoritaire — c'est-à-dire quand la ou le premier ministre ne peut pas compter sur une majorité d'élu·e·s issu·e·s de son parti au Parlement).

Psitt !

Les critères d'admissibilité pour devenir premier ou première ministre d'un côté ou président·e de l'autre sont aussi différents. Au Canada, il faut simplement détenir la qualité d'électeur ou d'électrice. Aux États-Unis, il faut :

- être âgé·e d'au moins 35 ans ;
- être citoyen·ne américain·e (de naissance !) ;
- avoir résidé aux États-Unis pendant au minimum 14 ans.

Et, oui, il est possible d'être président·e même si on a un dossier criminel… En théorie, une personne emprisonnée pourrait même être élue.

Pourquoi la politique américaine nous semble-t-elle plus spectaculaire que la nôtre ?

- C'est vrai que depuis les dernières années, nous avons parfois l'impression de suivre une télésérie plutôt que la « vraie vie ».

- Pourquoi ? La personnalité des leaders, souvent polarisante et fortement médiatisée, capte l'attention du public. Les chocs de valeurs et le bipartisme créent une division marquée entre deux camps, accentuant les tensions et rendant les débats plus intenses. L'absence de ligne de parti stricte permet aux élu·e·s de voter librement, rendant les décisions politiques plus imprévisibles. Enfin, il faut aussi considérer la médiatisation extrême. Presque tout ce que font les parlementaires américain·e·s est diffusé en direct. Les élu·e·s en profitent souvent pour transformer les débats en spectacle, sachant que les caméras sont là pour tout capter, que ce soit pour un vote ou encore pour une commission d'enquête.

- Bon, on peut aussi ajouter ce « léger détail » : il s'agit de la première économie mondiale et de notre voisin immédiat ! Tout soubresaut a le potentiel de capter l'attention médiatique, puisque les turbulences américaines ont un impact sur notre propre économie et, potentiellement, sur nos portefeuilles individuels.

La capsule *historique !*

Le 51e État des États-Unis, ça vous dit quelque chose ? En réalité, le rêve d'annexion du Canada par certains Américains (on ne dira pas qui !) aurait bien pu se concrétiser il y a fort longtemps déjà si le pouvoir britannique n'avait pas joué ses cartes de façon aussi stratégique à l'aube de la Révolution américaine de 1776.

À cette époque, les treize colonies de la Nouvelle-Angleterre (territoire anglophone qui s'étirait le long de côte Est américaine) courtisaient l'ancienne Nouvelle-France (territoire francophone qui englobait entre autres ce qui est aujourd'hui l'Acadie, le Québec et la Louisiane) pour qu'elle se joigne à la rébellion réclamant leur indépendance de la Grande-Bretagne. Mais juste avant, en 1774, était survenue la signature de l'Acte de Québec. Élaboré en grande partie par le gouverneur britannique Guy Carleton, cet acte visait à reconnaître et à protéger les lois et les coutumes françaises. Cela a donc permis au Bas-Canada (aujourd'hui le Québec) de conserver l'usage de la langue française, le droit civil français et la pratique de la religion catholique (grâce à la proclamation de la liberté de culte), trois premières depuis la Conquête anglaise de 1760.

Selon bon nombre d'historien·ne·s, sans les gains réalisés grâce à l'Acte de Québec, les Québécois·e·s auraient été beaucoup plus tenté·e·s par l'appel de la liberté politique promis par les Américains. C'est d'ailleurs probablement grâce à ces mêmes gains que le Québec a réussi à préserver sa spécificité culturelle et linguistique à long terme, malgré la Conquête. En constatant ce qu'il est advenu de la Louisiane après sa vente par la France aux nouveaux États-Unis en 1803, on peut s'imaginer que le même sort assimilationniste aurait attendu le Québec, s'il s'était joint aux forces révolutionnaires américaines de l'époque.

NOTRE GOUV NE qui fait

ER–
MENT
quoi ?

L'ABC de *notre* gouvernement

Comme décrit au chapitre précédent, nous avons trois paliers de gouvernement : le fédéral (Canada), le provincial (Québec) et le municipal (villes et villages). Ces gouvernements siègent plus précisément à la Chambre des communes (Canada), à l'Assemblée nationale (Québec) et dans les hôtels de ville (villes et villages).

Ces trois paliers de gouvernement sont composés d'élu·e·s, donc de personnes pour qui la population a voté et qui ont remporté les dernières élections dans leur circonscription et leur district. Ce sont des député·e·s (au fédéral et au provincial), des conseillères et conseillers municipaux ou des maires et mairesses (au municipal). Ces élu·e·s sont en grande majorité rattaché·e·s à des partis politiques (libéral, conservateur, vert...) et se sont fait élire pour les idées et les valeurs qu'ils et elles incarnent. Le parti politique qui a fait élire le plus grand nombre de député·e·s l'emporte, et la ou le chef de ce parti politique devient la ou le premier ministre (sauf pour le municipal — on le verra plus loin). Les élu·e·s de ce parti sont au pouvoir, et ceux et celles qui occupent les postes de premier ou première ministre et de ministres forment ce que l'on appelle le gouvernement. Les élu·e·s des autres partis politiques forment l'opposition. L'opposition officielle est composée des élu·e·s du parti qui est arrivé en deuxième place en nombre de député·e·s.

Il peut y avoir plusieurs types de gouvernement selon le résultat des élections :

Majoritaire : Son parti politique compte plus de la moitié des sièges. Il peut donc gouverner seul.

Minoritaire : Son parti politique compte moins de la moitié des sièges. Pour faire adopter ses projets de loi, il doit donc convaincre un certain nombre de député·e·s d'autres partis de l'appuyer, jusqu'à l'atteinte d'une majorité en nombre d'appuis.

De coalition : Un gouvernement qui est formé de député·e·s issu·e·s de plusieurs formations politiques différentes. *

* Ce type de gouvernement est très commun dans les États dotés d'un mode de scrutin différent du nôtre, où les éléments de proportionnalité sont présents (c'est-à-dire que les sièges sont attribués en fonction de la proportion des votes recueillis, et pas seulement en suivant le principe selon lequel le ou la gagnante rafle la mise — *winner takes all*, en anglais —, comme ici avec le scrutin uninominal à un tour).

Les élu·e·s

a

Première ou premier ministre

- Chef du gouvernement et principal·e représentant·e de son pays ou de sa province.
- C'est à lui ou elle qu'incombe la tâche de désigner les membres de son Conseil des ministres.
- Lorsqu'il ou elle siège à la Chambre des communes (Canada) ou à l'Assemblée nationale (Québec), il ou elle rend des comptes, au nom de son gouvernement, à l'ensemble des membres du Parlement (les député·e·s). C'est un principe de base de ce qu'on appelle la « responsabilité ministérielle » (l'imputabilité), à la base de nos démocraties.

b

Ministre

- Député·e choisi·e par la ou le premier ministre (c'est un peu comme une promotion !) pour porter la responsabilité d'un ministère (ex. : finances, santé, ressources naturelles, relations internationales, etc.).
- Comme la ou le premier ministre, la ou le ministre doit rendre des comptes au Parlement (notamment en répondant aux questions des député·e·s de l'opposition lors de la période prévue à cet effet).

c

Mairesse ou maire

- Représente la Ville. Exerce aussi un pouvoir de surveillance et de contrôle sur l'appareil public (ex. : demande de comptes aux fonctionnaires pour s'assurer que le budget est bien respecté).
- C'est lui ou elle qui choisit les conseillères et conseillers municipaux qui formeront le comité exécutif, une sorte d'équivalent du Conseil des ministres. Ce comité existe seulement dans les grandes villes de 100 000 habitants et plus.

d

Député·e

Trois grands rôles incombent à cette fonction :

- Législateur (concevoir et voter les lois).
- Contrôleur de l'action gouvernementale (en demandant des comptes au gouvernement par des questions posées — et filmées ! — au Parlement, notamment).
- Intermédiaire (représentation des électrices et des électeurs en assurant le lien avec la fonction publique).

e

Conseillère ou conseiller municipal

- Son unique responsabilité légale est de siéger (et donc, de voter) aux séances du conseil municipal pour y représenter ses concitoyen·ne·s. La personne occupant cette fonction n'a donc aucun « pouvoir » à proprement parler en dehors de l'enceinte des séances du conseil municipal.

f

Chef de l'opposition

- Responsable de mener l'action parlementaire de son groupe politique en prenant les décisions stratégiques et en s'adressant au premier ou à la première ministre lors de la période de questions.
- Il peut y avoir plusieurs chefs de l'opposition. La hiérarchie est définie en fonction du nombre d'élu·e·s que compte chaque parti (député·e·s ou conseillères et conseillers municipaux).

g

Whip

- Nommée par son chef, cette personne est la gardienne de la discipline du parti (d'où le titre de la fonction, qui signifie « fouet » en anglais). Elle est chargée de s'assurer de la présence des élu·e·s au moment des votes (et des interventions en Chambre), mais aussi de maintenir la cohésion d'équipe (rôle plus informel).

h

Leader parlementaire

- Au gouvernement, la ou le titulaire de cette fonction est nommé par la ou le premier ministre, aux côtés des ministres (on peut aussi être leader parlementaire ET ministre, l'un n'exclut pas nécessairement l'autre). Dans l'opposition, c'est la ou le chef du parti qui désigne la personne occupant la fonction.
- Responsable des travaux parlementaires d'un groupe politique. Au gouvernement, cette fonction permet d'avoir le contrôle sur les priorités politiques (« l'agenda »), car c'est la ou le leader qui détermine le calendrier des projets de loi appelés (et donc, débattus et éventuellement adoptés, au terme du processus).
- C'est cette personne qui a la responsabilité d'intervenir lorsque les débats dérivent et nuisent au bon fonctionnement de l'assemblée. On peut comparer cette fonction à celle d'« avocat·e » du groupe parlementaire.

i

Présidente ou président de la chambre

- Aux paliers canadien et québécois, cette fonction est exercée par un·e député·e choisi·e par ses pairs au moyen d'un vote secret. Son rôle est d'arbitrer les débats (principalement, la période de questions !) et, souvent, de représenter le Parlement à l'étranger, au sein de diverses organisations internationales non partisanes. La coutume veut d'ailleurs que cette personne n'assiste plus aux caucus de sa formation politique (rencontres plus partisanes) pour assurer une apparence de neutralité.
- Au municipal, dans le cas des villages et villes de moins de 100 000 habitants, cette fonction est exercée par la mairesse ou le maire lui-même. Dans les plus grandes villes, le conseil a la possibilité de désigner un·e autre de ses membres dans le but de faciliter le déroulement des séances en répartissant mieux les responsabilités, compte tenu du volume de dossiers à traiter pendant les assemblées.

j

Président·e ou vice-président·e de commission

- Élu·e dont la responsabilité est de présider une commission parlementaire, c'est-à-dire qu'il ou elle devient l'intermédiaire des débats dans cette enceinte chargée d'étudier les projets de loi. C'est lui ou elle qui arbitre le temps alloué à chaque député·e lors de l'étude détaillée d'un projet de loi ou de l'audition de témoins.
- Différents types de commissions réunissant des élu·e·s peuvent aussi exister au palier municipal.

À retenir: contrairement aux mairesses et aux maires qui ne sont pas conseillères et conseillers municipaux, les ministres et les premiers et premières ministres sont généralement député·e·s, sauf exceptions.

Quelles exceptions? Il pourrait arriver qu'un ministre non élu soit nommé par le premier ministre parmi la population. Bien que légal, ce n'est pas «conventionnel» — si ça arrive, on tentera généralement de faire élire cette personne le plus tôt possible lors d'une élection partielle, pour plus de légitimité démocratique. C'est une convention. Le même principe prévaut pour les premiers et premières ministres qui ne seraient pas député·e·s. Par exemple, le Parti libéral du Québec a remporté les élections de 1985. Son chef, Robert Bourassa, devenait alors premier ministre par défaut (en tant que chef du parti), sauf qu'il avait été battu dans sa circonscription. Un de ses collègues a donc démissionné de son poste de député pour permettre la tenue d'une élection partielle six semaines plus tard, lui permettant finalement d'être élu à son tour et de pouvoir exercer sa fonction en toute légitimité. Un autre exemple plus récent est celui de Mark Carney, devenu premier ministre du Canada du seul fait qu'il a remporté la course à la chefferie du Parti libéral fédéral au printemps 2025, sans jamais avoir brigué les suffrages pour devenir député. C'est d'ailleurs l'une des raisons qui expliquent pourquoi il a par la suite déclenché des élections générales hâtives (donc se tenant avant la date fixe établie pour les élections tous les quatre ans), qu'il a finalement remportées.

Plan de la Chambre des communes et de l'Assemblée nationale

La configuration des salles accueillant les parlements fédéral et provincial se ressemble beaucoup : le gouvernement d'un côté, l'opposition de l'autre. Au municipal, la forme des conseils varie énormément d'une ville à l'autre, en fonction de la taille de celle-ci et selon que la mairesse ou le maire préside ou non l'assemblée. Le conseil municipal de Longueuil, par exemple, est composé de la mairesse (moi !) et de 18 conseillères et conseillers municipaux.

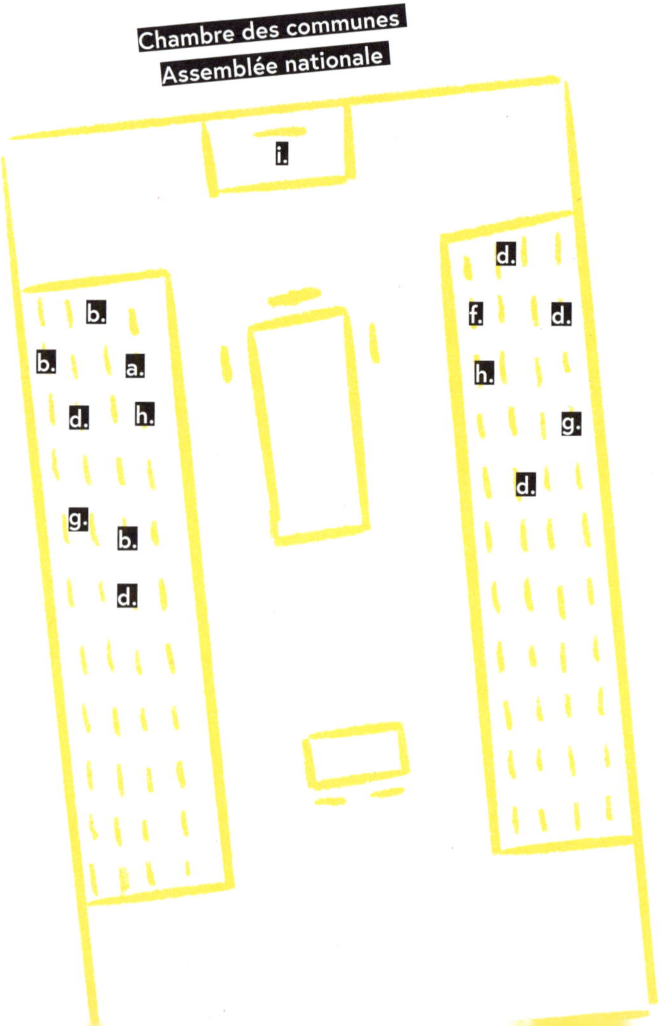

Les personnes qui gravitent autour des élu·e·s

Les employé·e·s politiques

Les élu·e·s jouissent d'un budget variable selon leur niveau de responsabilité et ont la possibilité d'organiser eux-mêmes leur équipe de soutien en fonction des besoins et des priorités qui leur sont propres (ex. : gestion de l'horaire, intermédiaire avec les journalistes, suivi de dossiers citoyens, rédaction d'interventions, de textes et de publications destinées aux réseaux sociaux). Ces personnes sont souvent dotées d'une influence insoupçonnée. En effet, ce sont elles qui sont aux premières loges pour conseiller les élu·e·s dans leurs actions quotidiennes et les orientations stratégiques à long terme. Parmi ces gens, on compte des « attaché·e·s politiques » (terme un peu fourre-tout), des conseillers et conseillères (souvent des postes un peu plus de premier plan que les « attaché·e·s »), des attaché·e·s de presse (personnes en charge des relations avec les médias), des directeurs et directrices (de cabinet, des communications, etc.), des adjoints et adjointes administratives, etc.

Les fonctionnaires

Des centaines de milliers de personnes travaillent en tant que fonctionnaires (les infirmiers et infirmières, enseignants et enseignantes, pompiers et pompières, policiers et policières, etc., sont du lot, mais aussi bon nombre d'ingénieur·e·s, de gestionnaires, de comptables, de technicien·ne·s, d'avocat·e·s, etc.). La ou le fonctionnaire n'est pas un élu, mais un employé du secteur public (fédéral, québécois ou municipal), ce qui veut dire qu'il est payé par l'État. Souvent, son emploi est garanti dans le temps grâce aux conventions collectives négociées par les syndicats. Ainsi, la ou le fonctionnaire résiste aux changements de gouvernement en conservant son poste, peu importe qui est à la tête de l'État et quelles sont les orientations politiques de ce dernier.

La fonction publique est chargée de traduire les orientations des élu·e·s en politiques publiques appliquées au quotidien. Concrètement, cela signifie que les fonctionnaires ont la responsabilité de suivre les indications de celles et ceux qui ont été élu·e·s par la population pour prendre les décisions. C'est la base de la démocratie.

Aux paliers fédéral et québécois, on nomme la personne chargée de faire le lien entre le politique et l'administratif (la fonction publique), respectivement « greffier·ère du conseil privé » et « secrétaire général·e du gouvernement » (pour la ou le premier ministre) ou « sous-ministre » (pour les ministres). Concrètement, donc, un premier ministre ou une ministre transmet ses décisions à ces personnes, qui doivent ensuite veiller à ce qu'elles percolent parmi les fonctionnaires dont la responsabilité est d'appliquer les programmes et les politiques publiques.

Au palier municipal, il n'existe pas de pareil intermédiaire entre les élu·e·s et les fonctionnaires. Les élu·e·s doivent passer directement par la ou le directeur général de la Ville. Il s'agit d'ailleurs de la ou du seul fonctionnaire sur lequel les élu·e·s municipaux ont du pouvoir en pouvant procéder à son embauche. Autrement, les élu·e·s n'ont pas la possibilité de congédier ni d'embaucher eux-mêmes du personnel au sein de la Ville (même s'ils et elles doivent ironiquement parfois voter le congédiement ou l'embauche lorsqu'il s'agit de postes importants). De plus, chaque décision doit être votée en conseil pour être effective. Ainsi, les élu·e·s ne peuvent pas exiger quelque chose de façon individuelle, à l'exception de la mairesse ou du maire dans le cadre de l'exercice de son pouvoir de contrôle et de surveillance de l'appareil municipal qui, comme on l'a vu plus tôt, vise notamment à s'assurer que les décisions du conseil, dont les orientations budgétaires, sont bel et bien respectées par les fonctionnaires.

Les lobbys, *aka* les influenceurs de la politique

Les lobbys sont des groupes de personnes qui ont des intérêts précis et qui tentent de les faire valoir auprès des élu·e·s, par des jeux d'influence et de pression, pour orienter les décisions politiques en leur faveur.

Même si les lobbyistes ont mauvaise presse dans le monde politique, de la même façon que les créateurs et créatrices de contenu pourraient être mal perçu·e·s sur les réseaux sociaux, l'influence des lobbys sur les élu·e·s n'est toutefois pas aussi négative qu'on a tendance à le croire, loin de là. Cela est particulièrement vrai ici chez nous, au Québec, puisque les lobbys (aussi appelés «groupes d'intérêts») sont encadrés par des normes très sévères. Ainsi, pour présenter son idée ou projet auprès d'un·e élu·e ou d'un·e fonctionnaire, un tel groupe d'intérêts doit obligatoirement être enregistré au Registre des lobbyistes du Québec, et son mandat (l'objectif qu'il souhaite atteindre par ses représentations) doit y être indiqué de façon transparente. Ces informations sont publiques et facilement accessibles.

Il faut d'ailleurs savoir que la plupart des mandats de lobbyisme servent des causes tout à fait nobles et importantes, quand ce n'est pas pour faire connaître des nouvelles façons de faire ou des technologies ayant la possibilité d'améliorer l'efficacité de l'État. Toutefois, les représentations de nature technique se font plutôt auprès des fonctionnaires spécialisé·e·s sur la question visée par le mandat de lobbyisme, puisque ce sont eux et elles qui ont les compétences précises nécessaires pour les comprendre et les analyser. Ces fonctionnaires ont ensuite le rôle de conseiller les élu·e·s quant à la décision à prendre.

Comment les lois et les règlements sont-ils votés ?

Chaque palier de gouvernement a une procédure qui lui est propre (commissions, débats, etc.), mais en général, le processus peut être simplifié de la façon suivante, peu importe le palier politique :

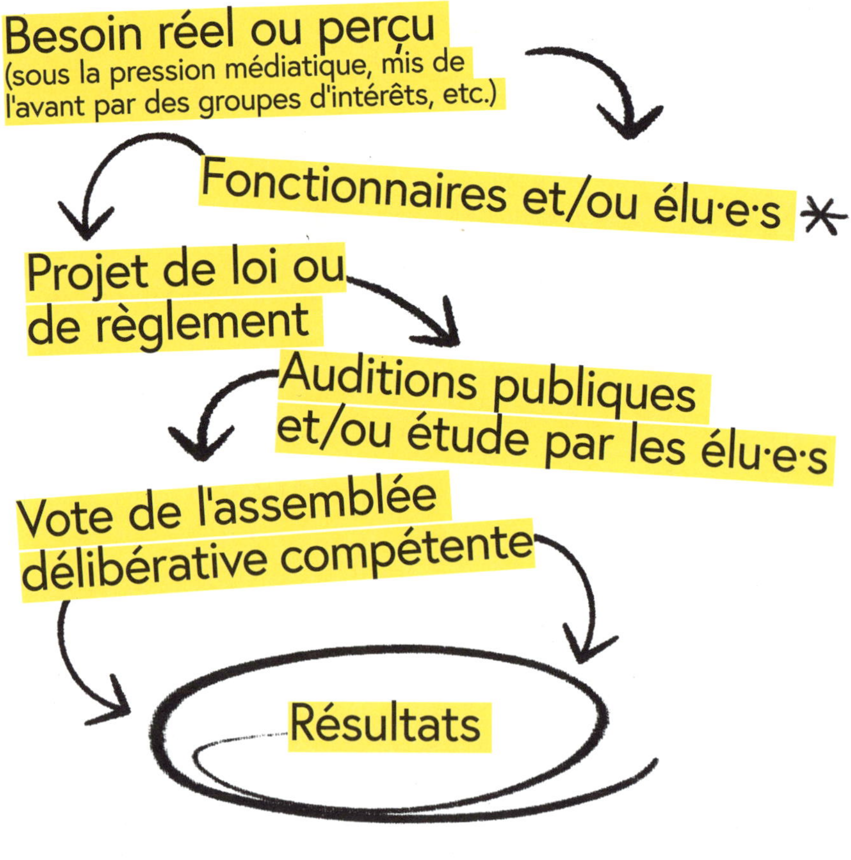

* L'idée d'un projet de loi ou de règlement peut venir des fonctionnaires (puis être repris à leur compte par les élu·e·s, qui doivent impérativement en être les porteurs et porteuses), ou il peut être déposé à l'initiative des élu·e·s. Le plus souvent, dans ces cas, il est néanmoins rédigé de concert avec les fonctionnaires (le plus souvent des juristes, habitué·e·s au langage très technique des projets de loi et de règlement) et spécialistes de la question traitée par le projet de loi ou de règlement. Les fonctionnaires permettent ainsi de matérialiser les idées des élu·e·s en les « traduisant » en projets de loi ou de règlement. Ils et elles agissent également comme guides pour encadrer ce qu'il est permis de faire (ou ce qu'il n'est pas permis de faire). Il y a donc régulièrement des discussions et débats entre élu·e·s et fonctionnaires pour arriver à un résultat « final » à présenter aux assemblées délibératives.

Prenons un exemple plus concret, tiré d'un fait vécu lors de mon premier mandat comme mairesse.

Crise du logement

Demande d'intervention de la part de l'Union des municipalités du Québec (UMQ) auprès de la ministre de l'Habitation afin d'octroyer un pouvoir spécial aux Villes leur permettant d'accélérer la délivrance de permis de construction

Projet de loi intégrant une disposition permettant l'exercice temporaire de ce pouvoir

Auditions publiques et étude détaillée du projet de loi par les député·e·s

Plus de logements construits plus rapidement pour répondre aux besoins impérieux de la population

Accélération des permis de construction

Vote des conseils municipaux pour intégrer cette nouvelle disposition dans leur règlement

Vote de l'Assemblée nationale

Comment les dossiers sont-ils priorisés ?

Certains projets sont parfois favorisés par rapport à d'autres, même si ces derniers nous semblent tout aussi importants, voire plus urgents. On appelle ce phénomène la « mise à l'agenda ». Celle-ci peut être influencée de différentes manières, comme par un engagement politique, par une pression populaire et/ou médiatique, ou encore par la sensibilité personnelle d'un·e élu·e sur un enjeu particulier.

Et l'argent dans tout ça ?

Tout ce qui entraîne des coûts doit être prévu au budget. Cependant, des fonds sont toujours disponibles pour les initiatives plus « urgentes » ou temporaires, le temps de pouvoir voter des montants en bonne et due forme au budget de l'année suivante (ou lors d'une mise à jour économique ponctuelle, souvent annuelle ou bisannuelle, pour permettre au gouvernement de s'ajuster entre les budgets officiels).

QUAND L'
GENT PARLE

AR-

La com-position du *Trésor public*

On utilise souvent l'expression « Trésor public » pour qualifier les revenus des gouvernements. Le ministère responsable porte d'ailleurs le nom de « Conseil du Trésor ».

D'où provient ce « trésor » ?

Gouvernement du Canada

- Impôts sur le revenu des particuliers et des entreprises
- Taxe sur les produits et services (TPS)
- Autres frais et services

Gouvernement du Québec

- Impôts sur le revenu des particuliers et des entreprises
- Taxe de vente du Québec (TVQ), perçue sur les produits et services achetés
- Autres frais et services
- Transferts fédéraux

Villes

Taxe foncière

Montant que doivent payer les propriétaires immobiliers chaque année.

Droits de mutation immobilière

Montant qu'un·e propriétaire doit payer après avoir acheté un bien immobilier (maison, local commercial, terrain...), aussi appelé « taxe de bienvenue ».

Permis, frais et revenus divers

Dont la vente de terrains, le stationnement, les contraventions, etc.

Transferts gouvernementaux

L'INFO DE +

D'entrée de jeu, mon expérience en tant que mairesse m'amène à penser que les revenus générés par les municipalités méritent certaines clarifications particulières.

Quiz « vrai ou faux ? » sur la fiscalité municipale

Question : « Les Villes doivent augmenter leurs taxes chaque année pour maintenir les services offerts. »

Réponse : Vrai (en général !)

Les revenus des gouvernements du Canada et du Québec augmentent chaque année, puisque les gens achètent généralement toujours plus (donc paient plus de taxes comme la TPS et la TVQ) et leurs salaires augmentent avec le temps (donc ils paient plus d'impôts). Les gouvernements ne sont donc pas obligés de toucher aux taux d'imposition pour que leurs revenus croissent.

En revanche, les revenus des municipalités n'augmentent pas naturellement avec le temps. Pour être capables de fournir les mêmes services année après année, et ainsi assumer l'ensemble des responsabilités qui leur sont confiées alors que tous les coûts augmentent (les salaires des employé·e·s, les contrats, les achats, le financement d'événements organisés, les travaux en tous genres, etc.), les Villes doivent augmenter leur taux de taxation en fonction du taux d'inflation.

Question : « Les Villes font beaucoup d'argent lorsque les valeurs des propriétés sur leur territoire augmentent. »

Réponse : Faux (en totalité !)

Voilà le mythe par excellence ! Pour résumer simplement : ce n'est pas parce que votre maison prend 40 % de valeur que le montant sur votre compte de taxes (l'avis d'imposition, en bon français) augmente de 40 %. Selon la convention, les Villes doivent ajuster leur taux de taxation à la suite du dépôt d'un nouveau rôle d'évaluation (la valeur de chaque propriété est obligatoirement évaluée tous les trois ans pour veiller à ce que les taxes payées soient réparties de façon juste et équitable entre les différents propriétaires d'une municipalité donnée). Cet ajustement vise à atteindre l'équilibre, pour qu'aucun nouveau revenu ne soit généré en lien avec l'augmentation des valeurs des propriétés. Un exemple : en 2018, à Longueuil, il avait été établi que la maison unifamiliale moyenne avait une valeur de 300 000 $. La Ville appliquait alors un taux de 92,3 ¢ par 100 $ d'évaluation, ce qui donnait un avis d'imposition au montant de 2 769 $. Comme la valeur moyenne est montée à 369 000 $ en 2021, le taux de taxation pour 100 $ d'évaluation a été baissé à 75 ¢, de façon à maintenir l'avis d'imposition moyen à 2 769 $. La Ville n'a donc pas fait un sou avec l'ajustement des valeurs.

Attention ! Les avis d'imposition peuvent toutefois varier sur une base individuelle après un dépôt de rôle d'évaluation. En effet, ceux dont la valeur a augmenté plus que la moyenne vont subir une hausse de taxes, tandis que ceux dont la valeur a augmenté moins que la moyenne vont bénéficier d'une baisse de taxes.

En ce sens, les Villes peuvent choisir d'« étaler » l'effet du nouveau rôle d'évaluation sur les trois années où ce rôle est en vigueur, afin que les propriétaires susceptibles de connaître une hausse de leur avis d'imposition ne soient pas trop affecté·e·s d'un seul coup. On sépare ainsi la bouchée en trois. *A contrario*, les propriétaires qui auraient connu une baisse de taxes grâce au rôle vont avoir ce « cadeau » réparti sur trois ans, au lieu de l'obtenir en entier dès l'an 1.

Les municipalités ne profitent donc pas de la croissance économique corrélée à la prise de valeur des propriétés. Pour faire croître leurs revenus, et ainsi pouvoir continuer d'offrir les mêmes services à la population, les Villes ont plutôt l'odieux de faire l'annonce d'une augmentation de leur taux d'imposition foncière de base chaque année.

Question : «Les droits de mutation immobilière (communément appelés "taxe de bienvenue") représentent une mine d'or pour les Villes.»

Réponse : Faux (en général !)

Comme nous l'avons vu plus tôt avec la répartition du Trésor public, ce sont les taxes foncières qui constituent la plus large part des revenus des municipalités.

Les droits de mutation immobilière sont plus lucratifs lorsque le marché immobilier est en pleine effervescence et que plusieurs maisons et condos sont vendus et achetés (les droits de mutation immobilière doivent être payés par l'acheteur ou l'acheteuse juste après l'acquisition immobilière). Ces revenus sont toutefois imprévisibles, et les Villes ne peuvent pas compter sur eux à long terme, car ils peuvent varier énormément d'une année à l'autre.

De plus, les nouvelles unités d'habitation construites sur leur territoire n'engendrent pas nécessairement d'importants revenus en droits de mutation immobilière. En effet, lorsque les unités construites sont destinées à des locataires, cette taxe est seulement payée sur la valeur du bien acquis par le ou la propriétaire (dans ce cas-ci, le développeur immobilier ou la développeuse immobilière), c'est-à-dire le terrain sur lequel il ou elle s'apprête à construire. Il est donc beaucoup moins payant pour une municipalité de voir du locatif construit sur son territoire, ce qui explique pourquoi certaines municipalités privilégient d'autres types de développement. Une Ville peut toutefois aussi considérer d'autres facteurs (par exemple, les besoins impérieux de la population en matière de logement) dans sa prise de décision.

« Bienvenue », vraiment ?!

On s'entend : la « taxe de bienvenue » porte très mal son nom ! Comme l'a démontré l'historien Frédéric Lemieux (*Bulletin d'histoire politique*, vol. 26, nº 1, 2017), cette appellation a faussement été attribuée à l'ex-ministre libéral Jean Bienvenue, qui n'était même plus député au moment de l'instauration de ces droits en 1976. Dans tous les cas, elle est particulièrement ironique lorsqu'on sait que ces droits s'appliquent à tout nouvel achat immobilier effectué, même au sein d'une même ville, ou encore, dans certaines situations, lorsqu'on rachète la part d'un bien immobilier appartenant à une autre personne, par exemple en cas de divorce ou de séparation.

Les tax les imp à quoi

Le Canada, et plus particulièrement le Québec, est reconnu pour sa redistribution de la richesse. C'est ce qui explique que les impôts prélevés sur nos revenus et les taxes que l'on paie au quotidien (TPS, TVQ) soient plus élevés qu'ailleurs — aux États-Unis, par exemple. Ainsi, plus on dépense et plus on gagne d'argent, plus on contribue à la cagnotte collective, afin d'appuyer celles et ceux qui, autrement, n'auraient pas les moyens d'avoir accès aux mêmes services. Notre pays et notre province sont ainsi souvent qualifiés d'« États-providence », c'est-à-dire des États où le gouvernement soutient la population de façon proactive, en fournissant des services publics accessibles universellement.

es et ôts, ça sert?

Dans les États où les taxes et les impôts sont plus bas, les programmes et services publics offerts (ex.: soins cliniques et hospitaliers, écoles, garderies, allocations familiales, loisirs et sports, etc.) sont moins nombreux. Autrement dit, la population a plus d'argent dans ses poches sur le coup, mais doit débourser pour avoir accès aux programmes et services. Tant pis pour les moins fortuné·e·s… L'idée, avec notre système, est de mettre en commun nos ressources collectives pour créer des économies d'échelle, et ainsi de permettre à tous les individus d'avoir accès à des soins et à l'éducation ainsi que de s'épanouir, peu importe le milieu duquel ils proviennent. Le principe d'équité des chances est d'ailleurs à la base de ce qu'on appelle le « modèle québécois ».

Néanmoins, ce modèle repose sur un contrat social implicite voulant que les personnes contribuant à ladite cagnotte collective ne se sentent pas contraintes de payer des services privés par-dessus le marché, parce que tout le monde a un accès à des services publics de qualité. Actuellement, ce contrat social est mis à mal par les difficultés qu'éprouve notre système (manque d'accès, qualité vacillante des services, désuétude de nos infrastructures, etc.). Plusieurs facteurs peuvent expliquer cet état des lieux plutôt préoccupant pour l'avenir : vieillissement de la population (la pyramide des âges s'inversant, moins de gens — jeunes — doivent maintenant subvenir aux besoins d'un plus grand nombre d'individus — âgés —, en comparaison des années 1960 lorsque notre système a été mis sur pied, par exemple), coupures successives des suites de baisses de taxes et d'impôts décrétées par certains gouvernements, intransigeance des syndicats, manque de vision à long terme des élu·e·s (pour des raisons systémiques), etc. Les prochaines années seront assurément riches en débats de société à ce sujet.

Le Québec, *l'État* le + *taxé* au monde ?

Non !

Bon nombre de pays dans le monde ont une fiscalité plus imposante, notamment en Europe, où la richesse est généralement plus taxée, et où, contrairement à ce qui prévaut au Canada, plusieurs villes perçoivent aussi des taxes à la consommation (des genres de TVQ ou TPS, mais applicables aux biens et services achetés dans une municipalité donnée, qui s'ajoutent aux taxes encaissées par les autres gouvernements). C'est particulièrement vrai pour les pays scandinaves. En contrepartie, les services publics universels offerts dans ces États sont généralement plus nombreux.

Si l'on se compare avec nos voisins d'Amérique du Nord, il est toutefois vrai d'affirmer que les taxes sont plus importantes chez nous que dans plusieurs autres États. Cela s'explique par le fait que le taux de taxe de vente du Québec (TVQ) est plus élevé que celui des taxes similaires dans les autres provinces du Canada (carrément inexistantes dans certaines provinces, comme l'Alberta), et que les États-Unis utilisent très faiblement les impôts sur le revenu. Le Québec est toutefois doté de programmes plus généreux, comme les centres de la petite enfance (CPE) et les garderies subventionnées à bas coût. Certains pourraient toutefois les critiquer puisque toutes les familles n'y ont pas nécessairement accès, par manque de places suffisantes. Il s'agit avant tout de choix (et de débats !) de société. Depuis l'instauration de ce modèle québécois à la suite de la Révolution tranquille dans les années 1960, plusieurs études ont démontré que les inégalités sociales sont moins généralisées ici qu'ailleurs, et que le niveau de bonheur est plus élevé chez nous. Le « modèle » semble ainsi avoir bien fait ses preuves !

Le budget

Pour déterminer de quelle façon l'argent sera dépensé et combien d'argent sera alloué aux différents secteurs (santé, éducation, emploi, transport, etc.), chaque palier de gouvernement a l'obligation de produire un budget une fois par année. C'est aussi une façon pour la population de juger du sérieux de l'engagement de ses élu·e·s envers un enjeu donné. Par exemple, si on promet de prioriser la culture, est-ce que le financement est augmenté de façon conséquente afin de pouvoir réaliser un plus grand nombre de projets dans ce domaine ? « Les bottines suivent-elles les babines ? », pourrait-on aussi demander.

Ainsi, lorsqu'un gouvernement dépose son budget, il est intéressant de s'attarder aux variations des montants alloués aux différents secteurs par rapport aux années précédentes, mais aussi par rapport aux gouvernements précédents. À noter toutefois que ce n'est pas parce qu'on augmente le budget d'un secteur qu'on est nécessairement capable de réaliser davantage de projets. Parfois, on investit toujours plus chaque année sans obtenir plus de résultats pour la population. Pourquoi ? Simplement parce que les coûts augmentent de façon plus importante pour livrer le même service ou qu'on devient moins efficaces à fournir celui-ci (pour un paquet de raisons potentielles, comme la complexité des processus qui s'accroît).

En politique, on répète souvent que « gouverner, c'est choisir ». Étant moi-même à la tête d'une administration publique en tant que mairesse, je suis bien placée pour comprendre les choix parfois très difficiles que les élu·e·s doivent faire. Personne n'est contre la vertu, et tout le monde voudrait pouvoir augmenter les budgets de l'ensemble des secteurs pour pouvoir offrir de meilleurs services à la population, mais les capacités financières des États (issues des « contribuables », c'est-à-dire nous toutes et tous qui payons des taxes et des impôts) sont limitées et forcent donc à devoir trancher.

L'équilibre budgétaire

C'est une expression qu'on entend souvent dans les médias. Mais est-ce que les gouvernements ont l'obligation d'équilibrer leur budget ? Non ! Seules les Villes ont cette obligation, tandis que les gouvernements du Canada et du Québec font régulièrement des déficits, c'est-à-dire qu'ils adoptent des budgets dont les dépenses dépassent les revenus escomptés.

En vrai, le Québec est bel et bien doté de la Loi sur l'équilibre budgétaire, mais celle-ci peut être suspendue lorsque le gouvernement le décide, notamment en période de turbulences économiques. Cela est arrivé à plusieurs reprises depuis son adoption en 1996. Il s'agit surtout d'un principe, en théorie contraignant, voulant qu'on tente de s'en rapprocher le plus possible. Même s'il s'agit parfois d'une question de volonté politique (on peut avoir la turbulence économique « facile »), la pression (publique et médiatique) en faveur de l'atteinte de l'équilibre budgétaire est plus forte depuis l'existence de cette loi.

Dans ce contexte, un gouvernement pourrait-il s'endetter à l'infini, en théorie ? Oui et non… Des agences de crédit internationales sont chargées de donner une « cote » aux États en fonction de leur taux d'endettement (leur historique de crédit, un peu comme les institutions financières le font pour nous), de leur situation économique, de leur stabilité politique, etc. Meilleure est la cote, plus bas (et donc meilleurs) seront les taux d'intérêt auxquels un gouvernement donné aura le droit d'emprunter. Comme dans notre vie personnelle, les taux d'intérêt auxquels nous empruntons collectivement de l'argent sont importants dans un budget, car les gouvernements doivent aussi payer des intérêts sur la dette, ce qui peut créer un cercle vicieux. Il est même déjà arrivé que des pays, pris dans cette spirale sans fin, sans déclarer « faillite » au sens où on l'entend habituellement, ont été aux prises avec des crises d'endettement très graves, ayant même dû être appuyés par des organisations internationales externes pour arriver à s'en sortir. Ça a notamment été le cas de la Grèce en 2009.

LES PAR POLI QUES

TIS
TI-

La *naissance* et la *mort* des partis

Naissance

Mettre au monde un parti politique, c'est très facile. Il suffit de remplir quelque paperasserie et d'ouvrir un compte en banque. Mais pour le faire vivre dans le temps, il vaut mieux attacher sa tuque avec de la broche, surtout si l'ambition est un succès électoral et la formation d'un gouvernement.

Vie

Comme vous l'imaginez, l'argent est le nerf de la guerre pour les partis politiques. C'est normal : ils ont besoin de sous pour vaquer à leurs opérations quotidiennes, et c'est encore plus vrai lors des campagnes électorales. Les partis peuvent obtenir des fonds de deux manières :

1 Le financement populaire, provenant de la population

Les règles en matière de financement politique populaire sont très strictes. En effet, les dons sont réservés aux citoyen·ne·s à titre individuel uniquement. Ainsi, une personne morale (une entreprise, un OBNL ou un syndicat) n'a pas le droit de faire un don à un parti ou à une campagne. Cette loi est en vigueur depuis 1977 au Québec et 2007 au Canada. La raison est simple : cela évite qu'une entreprise ou une organisation (qui aimerait bien voir un parti remporter les élections pour que ça lui profite, d'un point de vue financier ou législatif) fasse un don à un parti et que le parti sente qu'il lui doive quelque chose en retour (contrat gouvernemental, avantage fiscal, modification à une loi, etc.). On limite ainsi les conflits d'intérêts et les probabilités de corruption en misant plutôt sur une égalité d'influence.

Contribution maximale par citoyen·ne

Fédéral

1 800 $ par électeur ou électrice par an (pour 2025)

Provincial

100 $ par électeur ou électrice par an

Année électorale : 200 $ par électeur ou électrice

Municipal

100 $ par électeur ou électrice par an

Année électorale : 200 $ par électeur ou électrice

Au fédéral, les montants sont ajustés chaque année en fonction de l'inflation, tandis qu'au provincial et au municipal, les limites de don sont les mêmes depuis 2013. Cela signifie que les partis doivent travailler de plus en plus fort pour solliciter des dons à la hauteur de leurs besoins électoraux.

Le financement dit « public », provenant de l'État

Palier fédéral

Pas de cagnotte partagée entre les partis en fonction des résultats électoraux, mais des crédits d'impôt sont offerts aux donateurs et donatrices. Ils sont proportionnels au montant de leur contribution. En 2024, on estime la valeur fiscale de ces crédits d'impôt à 35 M $, pour environ 187 500 dons. Les dépenses électorales peuvent aussi être remboursées par l'État si les partis obtiennent au moins 2 % des voix à la grandeur du pays ou 5 % dans les circonscriptions où ils présentent des candidat·e·s.

Palier québécois

Une cagnotte annuelle est partagée entre les partis politiques enregistrés, en proportion de l'appui obtenu aux dernières élections. En 2023, cette cagnotte se chiffrait à 11,5 M $, ce qui signifie que les principaux partis ont eu droit à des montants considérables sur une base annuelle (la CAQ a obtenu à elle seule 5 M $ de l'État, cette année-là). Ces montants sont ajustés chaque année en fonction de l'inflation. Les partis politiques n'ont pas besoin de rendre des comptes sur l'utilisation de ces sommes, et celles-ci peuvent être utilisées à des fins électorales. Aucun crédit d'impôt n'est offert à ce palier.

Palier municipal

Une cagnotte annuelle est partagée entre les partis politiques ayant obtenu plus de 1 % des voix aux élections, en proportion de l'appui obtenu aux dernières élections (villes de 20 000 habitant·e·s et plus seulement). En 2024, à Longueuil, on avoisinait 130 000 $ à partager. Ce montant est ajusté chaque année en fonction de l'inflation. Les partis doivent justifier l'usage de ces sommes, destinées à des fins très précises (administration du parti, diffusion du programme politique, appui aux membres, etc.) et non électorales. Des crédits d'impôt sont aussi offerts aux donateurs et donatrices, mais cette mesure est à risque d'abolition prochaine. Pour le moment, ces crédits d'impôt sont proportionnels au montant de la contribution. En 2024, on estimait la valeur fiscale de ces crédits d'impôt à environ 600 000 $ pour un peu moins de 7 500 dons, toutes municipalités confondues.

Le risque de distorsion démocratique

Comme vous pouvez le déduire à la lecture des chiffres du palier québécois, le financement étatique peut créer une distorsion démocratique. En effet, même si un parti obtient une maigre part des votes car il ne rallie pas ou plus la population, il peut tout de même compter sur un financement récurrent de l'État, car ce montant est déterminé uniquement sur la base du résultat des élections précédentes.

D'ailleurs, depuis la réforme de la Loi régissant le financement des partis politiques, on assiste à une augmentation du financement étatique au détriment du financement populaire. Pourquoi ? On a voulu assainir les mœurs à la suite de la commission Charbonneau. Plusieurs observations faites durant cette commission d'enquête ultra médiatisée ont pointé vers une utilisation courante de « prête-noms » pour permettre aux entreprises de financer indirectement des partis politiques, par l'entremise d'employé·e·s, par exemple. L'idée d'abaisser la limite permise des dons était de venir rendre cette pratique moins attrayante. Surtout, on souhaitait ainsi que les partis comptent de moins en moins sur la sollicitation, sans toutefois s'attaquer aux racines du problème (la corruption).

Ce financement de moins en moins « populaire » et de plus en plus « étatique » constitue un enjeu de taille pour les partis émergents. En effet, une nouvelle formation politique ne pourra bénéficier d'un financement étatique tant et aussi longtemps qu'elle n'aura pas participé à un premier scrutin.

Les plafonds de dépenses

Ils assurent une certaine équité entre les partis et, surtout, ils viennent limiter le pouvoir de l'argent sur le résultat démocratique du vote. Les plafonds varient en fonction de plusieurs facteurs, dont le nombre de personnes inscrites sur la liste électorale (celles et ceux qui ont le droit de voter). L'exemple ci-dessous s'appuie sur des partis qui présenteraient des candidat·e·s dans toutes les circonscriptions (fédérales, québécoises) et tous les districts (municipaux) auxquels ils ont accès.

Montant maximal de dépenses pour une campagne électorale

Fédéral

Environ 30 M $ (2021)

Provincial

Environ 5 M $ (2022)

Municipal

Environ 200 000 $, dans le cas spécifique de Longueuil (mais varie pour chaque Ville selon la taille de la population)

Mort

En vertu de ce système, vous aurez compris que la mort (forcée) d'un parti est plutôt rare, puisque le financement étatique peut le maintenir artificiellement en vie, même s'il compte un très faible soutien populaire. Pour « fermer » un parti politique, il faut que ce dernier décide de radier son enregistrement auprès du directeur général des élections du Québec (DGEQ) ou ne remplisse plus ses engagements de base (dont celui de produire un rapport de dépenses annuel).

Vision et idéologie

À quoi servent les partis politiques, au juste ? Il est vrai qu'ils ont leurs mauvais côtés, dont la « partisanerie » à outrance, c'est-à-dire la tendance à dépeindre les autres partis comme des adversaires et à critiquer l'ensemble de leurs positions sans analyse ou justification plus poussée, simplement parce qu'ils sont « contre nous » et donc pas « avec nous », ce qui est nocif pour le débat public et peut même conduire des élu·e·s à quitter leurs fonctions. *
Malgré tout, ces regroupements ont la qualité de faciliter la compréhension de la politique par l'électorat. En effet, les partis se rassemblent autour de valeurs communes et d'idées partagées (vision et idéologie) qui se traduisent en programmes politiques, auxquels les individus peuvent aussi s'identifier. Ces programmes sont parfois façonnés par les membres du parti, des militant·e·s qui choisissent de s'engager bénévolement pour contribuer à une cause ou aider une équipe en laquelle ils et elles croient. Les programmes sont assez volumineux et exhaustifs, mais ils se résument et se condensent par la suite en plateformes électorales lorsque survient une élection. La plateforme d'un parti présente les engagements précis de celui-ci pour l'élection en cours, généralement destinés à une réalisation à l'intérieur du mandat prévu de quatre ans (ex. : augmenter le nombre de places en garderie, procéder à la réfection d'un hôpital, abaisser la vitesse permise dans les rues résidentielles, réduire les impôts, planter un nombre X d'arbres, réformer le régime d'assurance-emploi, etc.).

* Entre 2021 et 2025, plus d'un millier d'élues et élus municipaux ont démissionné de leurs fonctions en cours de mandat. Selon une enquête qualitative réalisée par l'UMQ en 2024, la majorité des départs était attribuable aux conflits internes dans les conseils municipaux, où la partisanerie prend beaucoup de place. En fait, la partisanerie peut même exister lorsqu'il n'y a pas de partis politiques formels. On parle alors plus de « qui est dans la gang de qui » pour qualifier un « parti pris ».

Et pourquoi ne pas abolir les partis politiques ?

Les partis politiques n'existent pas (ou très peu) dans plusieurs villes et villages, au Québec. Ils sont même carrément interdits dans les villes et villages qui comptent moins de 5 000 habitant·e·s. Au point de vue de l'organisation électorale, il y a des avantages et des désavantages aux deux modèles. Nous y reviendrons plus loin. Du point de vue philosophique et en ce qui a trait à l'action politique, si on peut trouver intéressante l'idée d'élu·e·s sans attache, complètement indépendant·e·s, dans la pratique, on constate que ce modèle favorise souvent le chacun pour soi et nuit à la poursuite du bien commun (tout le monde tire sur sa propre couverte, c'est-à-dire ses propres intérêts, sans être incité à considérer ceux du groupe en entier). C'est une des raisons pour lesquelles, malgré mon expérience fructueuse comme députée indépendante et ma très forte critique de la partisanerie à outrance, j'ai tout de même décidé de fonder une équipe sur le modèle d'un parti politique lorsque j'ai choisi de me lancer dans la course pour la mairie de Longueuil, en 2021. Heureusement, ce n'est pas parce qu'on met sur pied un parti « traditionnel » qu'on est obligé·e d'en perpétuer les mauvaises « traditions » !

L'ART
DE
S'IN

FOR-
MER

Je me souviens qu'à mon premier cours de science politique au cégep, mon prof s'était lancé dans une longue tirade bien sentie sur l'importance de « se faire une tête » sur les enjeux avant de se forger des opinions. Pourquoi ? Parce que nos opinions proviennent souvent de celles de notre entourage, de nos perceptions et de nos premières impressions, et non d'une réflexion alimentée par des faits vérifiables. Une bonne façon de nous en rendre compte est d'essayer de justifier nos prises de position. Quand on n'a aucun argument « solide » pour appuyer ce que l'on avance, c'est le moment de se mettre à l'ouvrage !

Pour « se faire une tête » sur les enjeux, je vous dirai à mon tour qu'il est primordial de s'informer sur les grands débats de société, et que c'est de cette façon qu'on peut pleinement jouer son rôle de citoyen·ne de manière éclairée.

La meilleure façon d'y arriver est d'abord de suivre l'actualité sur une base régulière. Cela peut se faire par différents moyens et médiums : journaux (pour la plupart numériques), télé, radio, blogues tenus par des journalistes, livres, documentaires, balados, etc. On peut même poser des questions à l'intelligence artificielle (sans pression ni gêne) ! Avec cet outil, tout comme le prochain dont je souhaite vous parler — les fameux réseaux sociaux —, il faut toutefois être conscient·e·s des biais auxquels nous nous exposons.

S'informer… sur les réseaux sociaux*

Je tiens d'abord à préciser que je suis moi-même une grande utilisatrice des réseaux sociaux. Je m'en sers pour socialiser avec mes ami·e·s, m'informer, me divertir, mais je les utilise aussi beaucoup dans le cadre de mon travail. Comme mairesse, ma présence sur Facebook, Instagram et LinkedIn, pour ne nommer que ceux-là, me permet d'interagir directement avec les citoyen·ne·s, d'échanger avec elles et eux dans un cadre authentique et accessible, de partager mes idées à plus grande échelle et de mobiliser les gens autour d'enjeux importants. Bref, ces réseaux offrent une tribune significative à qui s'en sert à bon escient. J'ai pour ma part réussi à développer une communauté intéressante et intéressée, que je ne voudrais pas perdre.

* Incluant des extraits remaniés d'une chronique que j'ai écrite pour *Urbania* en 2021.

Il y a deux raisons pour lesquelles je vous confie cela :

Éviter l'hypocrisie. Comme je m'apprête à critiquer les réseaux sociaux, je tenais à être honnête dans mon appréciation et dans le fait que je « profite » de ces plateformes, en quelque sorte.

Savoir nuancer. Les réseaux sociaux ne sont pas le diable. Nombreuses sont leurs applications qui peuvent être positives, tant individuellement que collectivement. Encore faut-il arriver à les encadrer et apprendre à en faire bon usage.

Les concepteurs et conceptrices des plateformes de réseaux sociaux ont « créé un monstre », comme le veut l'expression consacrée, c'est-à-dire qu'ils et elles ont créé quelque chose dont on a aujourd'hui perdu le contrôle. Et c'est ce qui est éminemment préoccupant.

Si vous êtes né·e·s au XXe siècle, comme moi, vous vous souvenez sans doute des débuts de Facebook, il y a près de 20 ans. Comme utilisateurs et utilisatrices, nous étions sur nos gardes. Rien n'étant gratuit dans la vie, nous croyions que ce n'était qu'une question de temps avant que la plateforme ne devienne payante, tellement que Facebook avait dû mentionner explicitement sur sa page d'accueil pendant des années que son service demeurerait gratuit, et ce, pour toujours. Ce que nous savons aujourd'hui, c'est que la gratuité était un piège. Si ces plateformes ne fonctionnent pas selon le modèle de l'utilisateur-payeur, il leur en faut nécessairement un autre pour arriver à se financer. La publicité classique ? Pas assez payant pour les cerveaux de la Silicon Valley. C'est ici qu'a surgi le concept d'économie de l'attention.

Résumons les grands principes de ce gigantesque marché. Plus on passe de temps sur les plateformes, plus elles peuvent décoder nos comportements, nos goûts et nos intérêts. Nos actions génèrent ainsi des données qui nourrissent le modèle. Les données sont ensuite utilisées pour nourrir l'algorithme publicitaire, qui se peaufine avec le temps pour créer de la publicité toujours plus sur mesure, offrant un avantage concurrentiel important pour quiconque désire publiciser quelque chose. Mais ça ne s'arrête pas là. Non seulement les réseaux sociaux ont tout intérêt à nous garder captifs et captives de leurs plateformes pour amasser le plus grand nombre de données possible, mais ils monétisent aussi le temps que nous y passons en vendant toujours plus de publicité.

Comment les réseaux sociaux s'assurent-ils de notre présence toujours accrue sur leurs plateformes ? En se servant de la nature humaine !

→ Réactivité et FOMO

Les contenus qui font réagir sont mis de l'avant pour nous provoquer et nous inciter à commenter ou partager. Cela stimule notre engagement et nos interactions, et nous incite à passer du temps sur la plateforme, notamment en exploitant notre sentiment de FOMO (*Fear Of Missing Out*, soit la peur de manquer quelque chose). Les fausses nouvelles, souvent plus spectaculaires et, donc, susceptibles de générer plus de réactions, sont ainsi avantagées dans cet univers. Comme l'algorithme favorise ce genre de « contenu choc », les médias ont aussi tendance à embarquer dans le train du sensationnalisme dans leur choix de titres, par exemple, afin de générer du trafic sur leurs pages, d'où la notion de *clickbait* (« appâts à clics », en bon français).

→ Besoin de validation

Les contenus proposés sont en phase avec nos valeurs sociales et politiques pour flatter notre égo et renforcer notre conviction d'être « du bon côté » dans les grands débats de société. Ce phénomène est à l'origine des chambres d'écho, où tout le monde a l'impression que tout le monde est d'accord avec lui et où on est de moins en moins exposé·e·s aux opinions contraires aux nôtres (d'où la disparition de plus en plus marquée de la nuance dans l'espace public).

→ Dopamine

Les mentions « j'aime » et les autres réactions positives sont créées sur mesure pour donner des doses de « récompenses » à notre cerveau (là où remonte la dopamine, la molécule biochimique du plaisir) et, ainsi, créer un effet pavlovien d'association entre l'utilisation des plateformes et la reconnaissance par les pairs.

Le résultat est sans équivoque : des citoyen·ne·s s'autoradicalisent, la viralité des contenus spectaculaires désinforme massivement la population et des ados développent de graves problèmes d'anxiété et de dépression. Et nous sommes presque tous et toutes touché·e·s à un niveau ou à un autre par un certain effet de dépendance. Il n'y a pas de honte à l'admettre : c'est exactement ce que ces plateformes recherchent, ce qu'elles mettent en œuvre par leurs mécanismes pernicieux.

Les réseaux sociaux posent-ils une menace à l'avenir de la démocratie ?

Financièrement, les réseaux sociaux s'en tirent mieux que les médias traditionnels (journaux, télé, radio...). La raison est simple : ils sont plus performants pour offrir de la publicité adaptée aux besoins et au budget des annonceurs, ce qui a entraîné un déplacement important des investissements depuis quelques années. Les médias font aujourd'hui face à des défis financiers majeurs, qui mettent à mal leurs activités : coupures dans les postes de journalistes et recours plus grand aux chroniqueurs et aux pigistes, utilisation de stratégies sensationnalistes pour compétitionner dans la guerre des clics, etc. C'est vrai ici comme partout dans le monde.

Bien que, depuis leur création, les réseaux sociaux s'alimentent avec du contenu produit par les médias traditionnels, ceux-ci ne sont pas rétribués pour l'utilisation de leur contenu. Le gouvernement du Canada a donc voulu pallier la situation avec l'adoption du projet de loi C-18, qui force les géants du Web à contribuer au financement des médias traditionnels. Mais depuis l'été 2023, en guise de représailles, les plateformes de Meta (Facebook, Instagram, Messenger, WhatsApp) bloquent tous les contenus médiatiques d'information — qu'ils soient québécois, canadiens ou internationaux. Est-ce la bonne solution ? Je n'en suis pas certaine. La plus grande préoccupation que nous devrions avoir par rapport aux géants du Web est, selon moi, l'opacité des algorithmes, dont on devrait surtout réclamer la réglementation serrée afin de prévenir des problématiques sociales de plus en plus préoccupantes, comme la radicalisation et la polarisation, la prolifération de la désinformation et l'anxiété chez les jeunes. Quant aux médias traditionnels, s'ils ont tardé à revoir leur modèle d'affaires, il est toujours temps d'agir, et certains s'en tirent déjà mieux que d'autres. Plusieurs pistes avaient d'ailleurs été proposées au terme de la commission spéciale sur l'avenir des médias par l'Assemblée nationale en 2019, si ce sujet vous intéresse. J'avais pris part à cet exercice non partisan lorsque j'étais députée, et les discussions qui y ont été menées sont passionnantes pour quiconque s'intéresse à l'avenir de l'information (et de la démocratie).

Se désin-former

La qualité de l'information peut souvent se vérifier à la qualité de sa source. Mais comment s'y retrouver dans un contexte où les médias traditionnels perdent du terrain et où les nouveaux médias prolifèrent, pour le meilleur et pour le pire ? La clé, c'est de réussir à jauger la pertinence d'un média, non parce qu'il sert notre point de vue politique, mais parce qu'il est crédible, neutre.

Huit critères pour évaluer la fiabilité d'un média

1 Vérification des sources

Un média fiable cite ses sources de manière claire et transparente. Vérifiez si des mentions ou liens sont fournis pour les déclarations, études ou rapports cités, et si ces sources sont crédibles (une université reconnue, un chercheur affilié à une institution académique, etc.).

2 Impartialité et objectivité

Évaluez si le média présente l'information de manière équilibrée, sans biais évident envers une idée ou une autre. Un bon média présentera généralement plusieurs points de vue sur un sujet, par exemple en citant des porte-parole de différents partis politiques.

Réputation et crédibilité historiques

Recherchez l'historique du média. Bien que de nouveaux médias puissent aussi être fiables, on peut évaluer plus facilement les médias ayant une longue tradition de journalisme rigoureux et éthique.

Transparence

Les médias fiables clarifient leur mission, leurs normes éditoriales et leurs méthodes journalistiques. Lorsqu'ils commettent des erreurs (ça arrive à tout le monde), ces médias n'hésitent pas à les reconnaître et à les corriger publiquement.

Gouvernance et financement

Savoir qui possède et finance le média peut révéler les motivations potentielles de celui-ci. Les médias transparents sur leur financement et leurs affiliations sont généralement plus dignes de confiance.

Qualité de l'écriture et professionnalisme

Les médias établis maintiennent habituellement un haut niveau de qualité rédactionnelle, évitant les fautes de frappe, d'orthographe ou de grammaire qui peuvent signaler un manque de rigueur.

Vérification de faits à l'interne

Cherchez si le média dispose d'un processus interne de vérification des faits.

Avis et commentaires des expert·e·s

Consulter des analyses ou des critiques de médias par des expert·e·s du domaine peut offrir des perspectives sur la fiabilité et les biais éventuels.

Et comment évaluer la fiabilité des journalistes ?

- Il faut d'abord savoir qu'il n'existe pas d'ordre professionnel pour les journalistes. Cette question est d'ailleurs à la source de quelques débats au Québec. Certain·e·s croient qu'il serait à propos de mettre sur pied une telle organisation, dans l'objectif de rehausser le niveau de confiance envers les institutions médiatiques, tandis que d'autres s'y opposent, craignant que la « liberté de presse » soit affectée par des normes influençant l'autonomie journalistique et qu'elle restreigne davantage l'accès à la profession.

- Néanmoins, les journalistes québécois·es sont actuellement encadré·e·s par le Conseil de presse du Québec. Selon la mission décrite sur son site Web, il s'agit d'un « organisme privé, à but non lucratif, qui œuvre à la protection de la liberté de la presse et à la défense du droit du public à une information de qualité. Mécanisme d'autorégulation de la presse, le Conseil est un organisme à adhésion volontaire, indépendant des autorités gouvernementales. Le Conseil reçoit les plaintes du public au sujet du travail journalistique et rend des décisions selon le Guide de déontologie du Conseil de presse du Québec. À travers ses décisions, il exprime son avis et son expertise en matière de déontologie journalistique. Son action s'étend à tous les médias d'information distribués ou diffusés au Québec, qu'ils soient membres ou non du Conseil, qu'ils appartiennent à la presse écrite, radio, télévision ou numérique ».

Peut-on considérer l'intel-ligence artificielle comme une *source* d'informa-tion *fiable* ?

Je ne suis pas de l'école de celles et ceux qui rejettent en bloc l'utilisation de l'IA dans un contexte d'apprentissage ou d'information (cela me rappelle trop certain·e·s de mes enseignant·e·s au secondaire entre 2004 et 2009, qui faisaient de l'urticaire à l'idée qu'on puisse utiliser le « révolutionnaire » Wikipédia pour nos travaux scolaires !), mais il faut tout de même rester sur nos gardes. D'abord, parce qu'elle se nourrit de ce qui existe sur le Web, indépendamment du vrai et du faux, l'IA peut contribuer à diffuser rapidement de fausses nouvelles, mais aussi parce que les biais intrinsèques à l'IA ne sont plus à prouver. Ces biais sont ironiquement très « humains » au sens où ils se nourrissent de nos propres préjugés ou faiblesses, qu'elle n'est pas (encore ?) en mesure de départager. Par exemple, des stéréotypes sociaux ou de genre pourraient être répétés par l'IA. Plus concrètement, s'il est reconnu que les femmes ou les personnes racisées sont sous-représentées dans les recherches en santé, l'algorithme prédictif de l'IA est corollairement affecté par ce manque de données.

En terminant, n'oublions pas que la désinformation peut être très politique en soi. Il est communément admis que certains pays, dont la Russie, utilisent diverses tactiques pour influencer l'opinion publique internationale en leur faveur. La Russie le fait dans le contexte de guerre avec l'Ukraine, mais aussi pour déstabiliser des démocraties en favorisant des courants politiques plus proches des politiques russes. Ainsi, des robots (« bots ») ont été créés en masse pour investir les plateformes de réseaux sociaux comme X (anciennement Twitter), de faux médias ont été fondés, de l'influence sur des journalistes a été exercée, etc. Faisons appel à notre sens critique et demandons-nous toujours à qui sert l'information…

Déjouer les algorithmes

Voici quatre trucs faciles pour rester branché·e sur l'actualité, la vraie, en contrecarrant le blocage des contenus sur Meta et en esquivant la prolifération des *fake news* sur le Web :

1. **Télécharger les applications mobiles des médias traditionnels (ex. : Radio-Canada, *Le Journal de Montréal* ou *Le Journal de Québec*, TVA Nouvelles, *Le Devoir*, *La Presse*, etc.) et activer les notifications pour recevoir les alertes des nouvelles en temps réel ;**

2. **S'abonner aux infolettres offertes par les différents médias ;**

3. **Suivre des journalistes reconnu·e·s, des chroniqueurs et chroniqueuses spécialisées et des scientifiques sur les réseaux sociaux (même si elles et ils sont associés à des médias traditionnels, leur contenu n'est pas bloqué puisqu'associé à leur compte personnel) ;**

4. **Prendre l'habitude de consulter régulièrement les sites Web des différents médias ou écouter/visionner des contenus en rattrapage (ex. : revues de presse matinales à la radio — disponibles sur Radio-Canada, Cogeco, *La Presse*, etc.).**

Nous l'avons vu, les plateformes de réseaux sociaux sont conçues pour nous présenter du contenu susceptible de nous plaire. Ce faisant, il est de plus en plus difficile d'avoir « naturellement » accès à du contenu qui diffère de nos opinions. Aussi, même en adoptant les conseils que je viens tout juste de vous présenter, nous sommes forcément porté·e·s à consulter le contenu qui nous intéresse, et qui est donc lié à nos valeurs.

Le hic, c'est qu'il est essentiel d'être exposé·e à différents points de vue pour se remettre en question. Vous me direz que les valeurs sont des piliers solides qui évoluent peu au fil des ans (outre, potentiellement, une priorisation qui peut changer dans le temps). C'est vrai. Mais c'est en ayant une vue d'ensemble et accès aux deux côtés de la médaille que l'on peut habituellement « se faire une tête » sur une idée ou un débat. C'est aussi une manière de développer une empathie envers les personnes ne partageant pas les mêmes avis que nous. Cette empathie est essentielle au dialogue et à la cohésion sociale, qui permettent à la société d'avancer.

Comme on ne peut pas compter sur les géants du Web pour briser le phénomène des chambres d'écho (là où on entend notre propre voix qui rebondit…), tant que les algorithmes ne seront pas réglementés par les gouvernements, on ne peut compter que sur nous-même pour briser les codes. Ainsi, il faut se forcer à consulter du contenu qui ne correspond pas forcément à nos idéaux, ne serait-ce que pour ne pas se fermer à tout un pan de la discussion publique et rester connecté·e à toutes les strates de notre société.

Petite ordonnance informationnelle

À : Littéralement tout le monde

De : Catherine

- Faire preuve d'ouverture d'esprit et de curiosité.
- Aiguiser notre sens critique en vérifiant l'information (et ses sources), en posant des questions, en suscitant des débats (parfois seulement en jouant à l'avocat du diable avec nous-même !).
- S'abonner à des pages ou suivre des créateurs et créatrices de contenu qui nous sortent de notre champ d'exposition habituel (opinions politiques divergentes, diversité de médias, tendances politiques variées, etc.).

Fréquence : Tous les jours !

PREN-
DRE
POSI

TLON

«Conna toi-

Le point de vue de l'analyste Philippe Léger

Doctorant en science politique de l'Université de Montréal, à peine âgé de 30 ans, Philippe Léger cumule déjà plusieurs expériences comme chroniqueur et analyste politique, notamment au 98,5 FM et au *Journal de Montréal*.

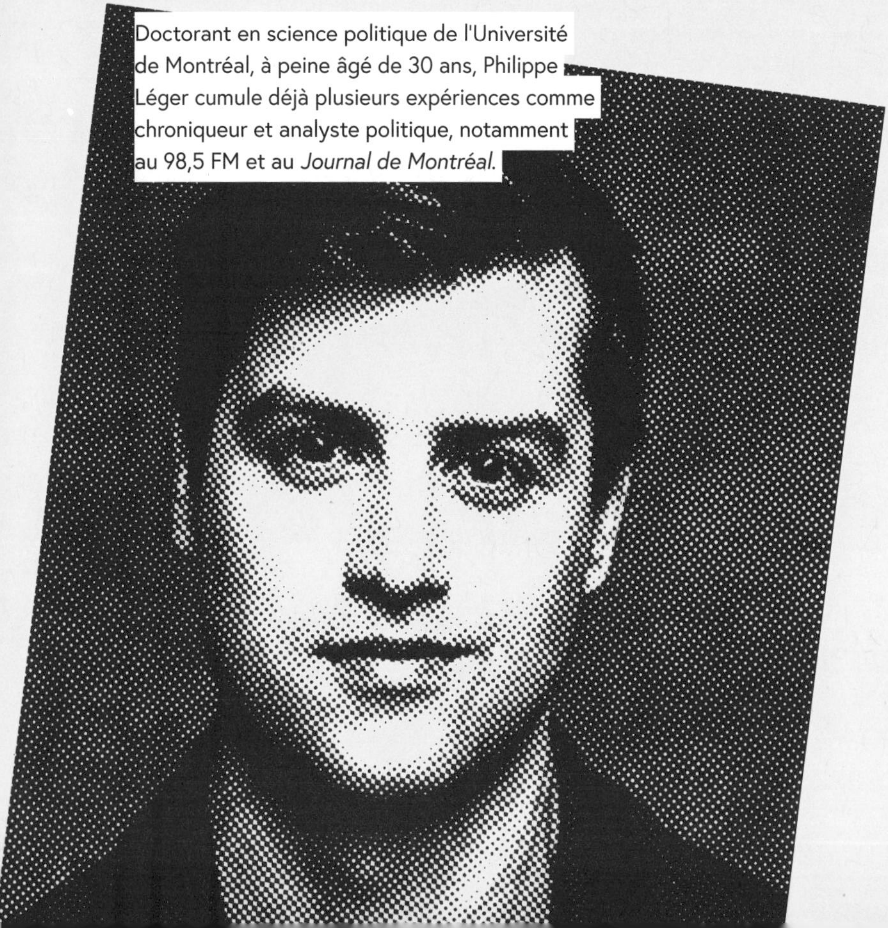

is-toi même»

Si cette citation de Socrate, vieille de deux millénaires, semble tout droit sortie d'un manuel de développement personnel, elle devrait constituer, en réalité, un point de départ pour chaque citoyen·ne souhaitant faire un choix politique réfléchi, éclairé et aligné avec ses intérêts. Avant d'évaluer un programme politique, un parti ou un·e candidat·e, il faut commencer par se sonder soi-même.

Qu'est-ce que je veux changer ?

Qu'est-ce qui me rend heureux ou heureuse ?

Qu'est-ce que j'aimerais améliorer dans mon quotidien ?

Qu'est-ce que je veux préserver ?

Quelles sont mes plus grandes frustrations et mes préoccupations majeures ?

Quelles sont mes valeurs fondamentales ?

À quelles communautés je m'identifie le plus ?

Quels sont mes intérêts en tant que citoyen·ne ?

Quels sont mes rêves pour la société ?

Maintenant que vous avez répondu à votre sondage intérieur, vous serez mieux armé·e·s pour évaluer et comprendre les informations dont vous disposez et les propositions des partis politiques, ainsi que pour vous situer sur les grands axes politiques de notre époque.

La politique peut parfois sembler inaccessible, complexe et ennuyeuse. Mais elle devient profondément porteuse d'espoir et engageante quand on apprend à savoir ce que nous voulons. Peu importe la quantité de temps et l'information dont vous disposez, vous avez tous, comme citoyen·ne, une vision de la société, des idéaux et des intérêts qui méritent d'être entendus. La politique, au-delà des controverses quotidiennes, représente selon moi le principal outil de transformation sociale. C'est le moyen par excellence pour orienter un tant soit peu la société en fonction de ce dont vous rêvez pour elle. Vous avez le pouvoir de choisir les actrices et les acteurs politiques dont les décisions (ou l'absence de décisions) créeront des gagnant·e·s et des perdant·e·s, et favoriseront des intérêts tout en en défavorisant d'autres. Mieux vaut saisir cette occasion.

Cinq grands axes qui influencent notre position sur l'échiquier politique

De gauche ou de droite économique?

- **De gauche:** est favorable à une plus grande intervention de l'État et à une répartition accrue de la richesse par le biais des taxes et des impôts permettant la fourniture de services publics universellement accessibles.

- **De droite:** est favorable à une moins grande présence de l'État, c'est-à-dire à moins de réglementation et d'intervention, notamment par des taxes et impôts plus faibles et, donc, moins de programmes sociaux pour miser sur les choix financiers individuels.

De gauche ou de droite sociale?

- **De gauche:** met l'accent sur la justice sociale (égalité ou équité entre les groupes), la protection des droits par l'État et le soutien aux populations marginalisées.

- **De droite:** valorise avant tout le rôle de la famille et de la religion, et met l'accent sur la responsabilité individuelle avant la responsabilité collective.

Progressiste ou conservateur ?

- **Progressiste :** est favorable aux nouvelles idées et façons de voir le monde, qui devraient s'adapter aux époques et à l'évolution des mœurs.

- **Conservateur :** est favorable aux traditions et aux méthodes qui ont fait leurs preuves dans le passé.

Souverainiste ou fédéraliste ?

- **Souverainiste :** est favorable à l'idée que le Québec devienne un pays.

- **Fédéraliste :** souhaite que le Québec demeure une province membre de la fédération canadienne.

Nationaliste ou multiculturaliste ?

- **Nationaliste :** croit que l'idée de nation est centrale à la cohésion de l'État (langue commune, culture à valoriser et histoire à partager).

- **Multiculturaliste :** croit que chaque groupe culturel doit avoir les mêmes droits individuels et collectifs au sein de l'État, sans obligation ni norme sociale commune.

Attention : même si ce genre d'exercice peut aider à se situer dans l'éventail politique, ces définitions sont par nature souvent caricaturales. Dans la vraie vie, rien n'est noir ou blanc, et il n'est pas souhaitable de mettre les individus dans des cases. Valorisons la nuance et le fait de pouvoir se situer sur un spectre, car cela est sain et souvent plus représentatif de la réalité.

Analyser ses options

Consulter les programmes et plateformes des partis politiques

Comme expliqué précédemment, ces documents permettent aux partis d'exposer leur vision et de regrouper leurs idées. Ce qui est génial, c'est qu'ils sont généralement facilement accessibles en ligne, sur les sites Web des partis.

- **Le programme :** Assez costaud, il peut faire plusieurs dizaines de pages et permet d'aller plus en profondeur. Ce ne sont toutefois pas tous les partis qui ont un programme (c'est souvent le cas de ceux qui sont plus petits et moins bien établis). Ces programmes peuvent aussi devenir des « fourre-tout » d'idées qui plaisent aux militant·e·s, mais qui ne se transformeront pas nécessairement en engagements électoraux à concrétiser (la plateforme).

- **La plateforme :** Très simple à lire, plus directe, elle va droit au but, donne une bonne idée des orientations sur les enjeux de l'heure, et pointe ceux que le parti décide de prioriser et ceux qui risquent de marquer les prochaines années. Mais attention : les partis ne sont pas obligés de respecter leur plateforme. C'est ce qui explique pourquoi certaines promesses électorales sont parfois brisées. Cependant, les partis ont tout intérêt à les tenir, puisque leur relation de confiance avec l'électorat (et donc, leurs chances de réélection) en dépend.

S'informer et s'outiller

Des médias comme Radio-Canada développent des outils permettant d'identifier le parti qui partage le plus nos idées et nos valeurs et, ainsi, de nous orienter. La Boussole électorale en est un bon exemple. Idéalement, on la combine avec des lectures et d'autres sources d'information, pour être en mesure de bien prendre position sur les différentes questions posées.

Se renseigner sur les candidat·e·s dans sa circonscription (ou son district)

Pour en savoir plus sur les candidat·e·s et leurs différents engagements, vous pouvez consulter les médias locaux (régionaux, de ville ou de quartier), ou alors vous rendre sur leurs réseaux sociaux ou leur site Web. Ne vous gênez d'ailleurs jamais pour leur écrire directement par le biais de ces plateformes si vous avez du mal à trouver l'information les concernant, si vous avez une question plus précise ou une interrogation qui mérite d'être éclaircie. Le ou la candidate en question ou un membre de son équipe vous répondra quasi assurément !

Le *match* parfait

Lorsqu'on vote aux élections, on croit souvent (à tort) qu'on vote avant tout pour un parti politique. La réalité, comme nous le verrons au prochain chapitre, c'est qu'on vote avant tout pour une personne qui aura la charge de nous représenter.

Tenons-le-nous pour dit: la fonction d'élu·e n'a pas très bonne réputation. Selon un baromètre de la firme de sondage Léger paru dans *Le Code Québec* (par Jean-Marc Léger, Jacques Nantel et Pierre Duhamel, paru aux Éditions de l'Homme en 2016), question confiance, les politicien·ne·s occupent le dernier rang parmi 50 professions et métiers testés auprès de la population. Comment augmenter la cote d'amour à l'égard de cette vocation qui exige pourtant moult sacrifices personnels au bénéfice de l'intérêt collectif? Donnons la parole aux personnes directement intéressées: les électrices et les électeurs! Le cupidon de la politique est invité à prendre des notes.

Ce qui est recherché chez un·e candidat·e

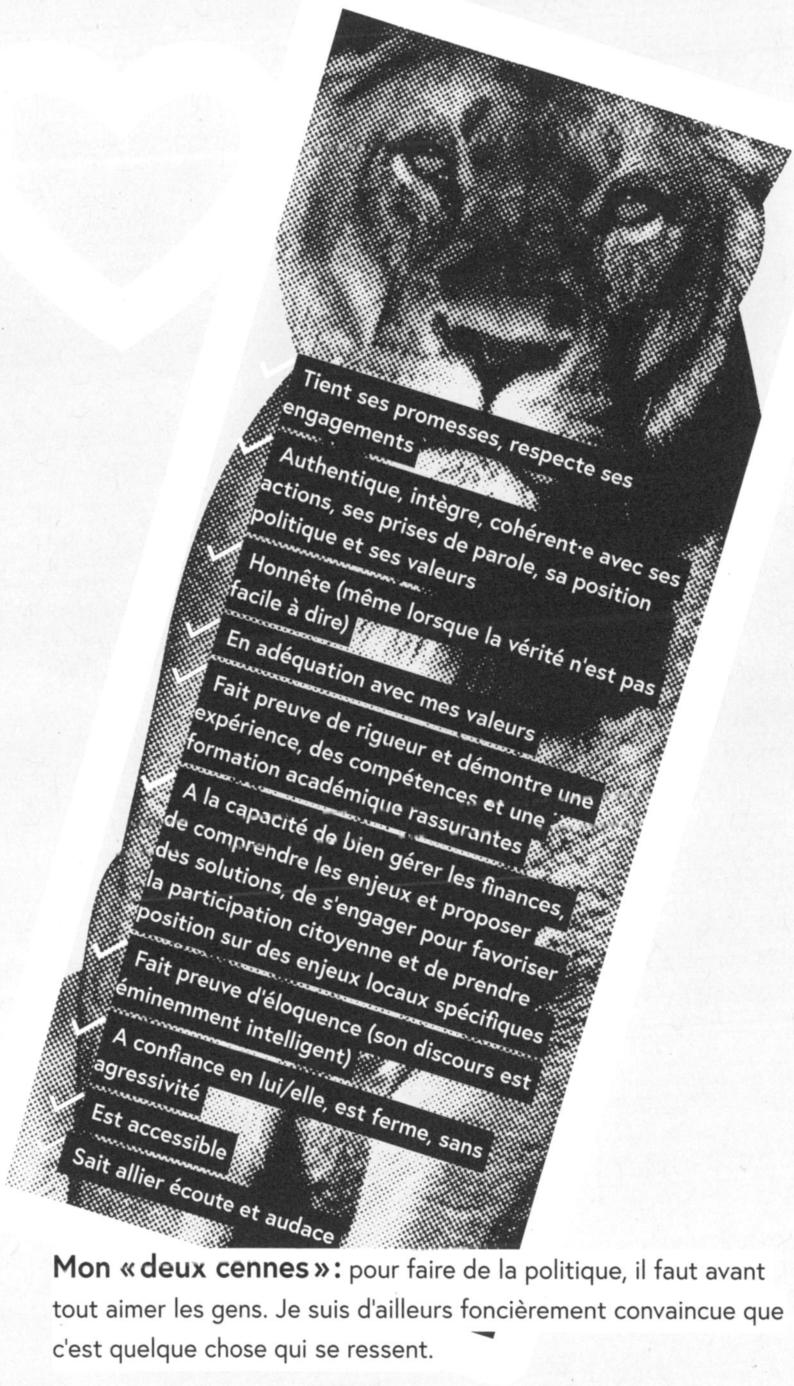

Mon « deux cennes » : pour faire de la politique, il faut avant tout aimer les gens. Je suis d'ailleurs foncièrement convaincue que c'est quelque chose qui se ressent.

Faire un choix éclairé

Il n'y a pas que les médias, les réseaux sociaux et l'intelligence artificielle qui peuvent biaiser nos choix… D'ailleurs, ces biais sont tout à fait naturels, et il ne faut pas trop s'en faire avec ça. On doit simplement en être conscient·e et travailler à déjouer ces ruses pour faire le choix le plus éclairé possible !

Le marketing politique : Les partis politiques ont recours à une multitude de stratégies pour nous vendre leurs idées afin d'aller chercher notre vote. On peut comparer ces stratégies à celles des entreprises qui cherchent à nous vendre leurs produits afin d'aller chercher notre argent. Les affiches promotionnelles, les vidéos publicitaires, les slogans et les phrases-chocs (les *clips*, dans le jargon) dans les discours ont tous pour objectif de nous influencer positivement en faveur des partis (ou négativement en défaveur de leur(s) adversaire(s)). Les sondages peuvent aussi être utilisés pour mettre la lumière sur une « tendance » et, donc, tenter d'influencer l'opinion publique en faisant miroiter l'attrait de faire partie du « bon groupe », de la « bonne gang », celle qui aura « raison » et « gagnera » son élection… Ah, la psychologie humaine !

L'apparence : Ici, on tombe carrément dans le jugement physique : une grand-maman qui veut voter pour un beau monsieur ou, *a contrario*, un monsieur qui ne veut pas donner son vote à une jolie femme parce que la beauté serait associée à la superficialité. Le charisme peut aussi influencer la perception que nous avons d'une personne, soit la manière dont elle parle, plaît aux autres et s'impose en public. Il est tout à fait normal que les candidat·e·s préfèrent se présenter et s'exprimer de façon optimale afin de bien faire connaître leurs idées. En tant que citoyen·ne·s, il est simplement important de ne pas tomber dans le panneau et de vérifier que le contenu suit bel et bien le contenant.

L'influence de nos ami·e·s et de notre famille : Les idées des gens qui nous entourent et que nous côtoyons au quotidien finissent nécessairement par percoler jusqu'à nous. Rien de plus normal, puisque nous grandissons avec les valeurs transmises par notre famille et qu'au fil du temps, nous nous lions d'amitié avec des gens avec qui nous partageons souvent bon nombre de valeurs et d'intérêts communs.

LA CAMÉLÉC et le vote

PAGNE
TO-
RALE

Les 9 d'une gne éle

Bienvenue dans les coulisses du déroulement d'une campagne électorale ! Ce n'est pas sorcier : à peu près toutes les campagnes suivent la même recette, avec leurs particularités propres, peu importe le palier politique. J'en sais quelque chose, car j'ai quatre (bientôt cinq) campagnes électorales en tant que candidate derrière la cravate !

étapes campa-ctorale

1. La préparation préélectorale

- C'est à ce moment que les candidat·e·s sont recruté·e·s, qu'on prend les photos qui serviront pour le matériel promotionnel (dont les affiches électorales), mais aussi qu'on prépare la plateforme électorale (ce qui sera proposé aux citoyen·ne·s), qu'on mobilise et forme ses bénévoles, etc. Bref, les équipes et les partis tentent de se préparer au maximum avant le début de la campagne officielle.

2. Le déclenchement de la campagne

- La date du déclenchement est déterminée en fonction de la date du vote (environ 35 jours avant celle-ci) qui, elle, est généralement connue d'avance.

3. Les annonces

- Les candidat·e·s procèdent souvent à des annonces en cours de campagne, dans l'objectif de faire connaître les idées issues de leur plateforme électorale, elles-mêmes sélectionnées à partir du programme politique du parti, le cas échéant. Ces annonces peuvent prendre différentes formes en fonction de l'objectif recherché et de l'importance du contenu présenté : conférence de presse, entrevue ou reportage dans les médias, publication sur les réseaux sociaux, etc.

4. Le travail de terrain

- La pose des pancartes
  - C'est toute une opération logistique ! Tout le monde s'y met au même moment et souhaite avoir la meilleure visibilité possible en devant respecter certaines règles (ex. : ne pas obstruer les voies de circulation ni cacher la signalisation en vigueur).
  - Utiles, les pancartes ? Oui ! Il s'agit souvent d'une façon de juger de l'organisation d'une équipe ou d'un parti, du point de vue des électeurs et électrices. C'est également une manière de mettre un visage sur les candidat·e·s et de permettre à la population de se familiariser avec ces personnes. Les partis utilisent aussi ces outils pour

mettre leurs couleurs et slogans à l'avant-scène en tentant de capter l'attention en leur faveur. S'il est vrai que cette pratique n'est pas la plus écolo, il faut tout de même savoir qu'après la campagne électorale, les pancartes sont offertes aux écoles et garderies, qui utilisent ce matériel autrement très onéreux (le polypropylène ondulé, ou coroplaste) pour des projets en tous genres.

- Le pointage

  - Le pointage est une « opération d'identification des électeurs et électrices ». Dans les faits, l'équipe ou le parti procédant à cette opération ne cherche pas tant à savoir *pour qui* l'électeur ou l'électrice vote, mais cherche plutôt à savoir si cet électeur ou cette électrice vote *en sa faveur*. Ainsi, les équipes et partis instaurent souvent un système permettant de classer les sympathisant·e·s (S), les indécis·es (I) et les adversaires (A). Cette opération est cruciale pour mener un jour J réussi. J'y reviendrai plus loin.

  - Le porte-à-porte et les appels téléphoniques sont les techniques de pointage les plus efficaces et les plus répandues, car elles privilégient un contact direct avec les personnes. Aujourd'hui, avec la disparation des lignes téléphoniques fixes, le porte-à-porte gagne en popularité. L'achat de listes de numéros de téléphone cellulaire est très onéreux et compliqué pour les partis : vaut mieux aller voir les gens directement pour mettre à jour leurs coordonnées et pouvoir les appeler le jour du vote.

- Le pointage peut parfois débuter plusieurs mois avant la période électorale. Il est toutefois moins valable et précis, car les électeurs et électrices peuvent changer d'idée en cours de route. Par ailleurs, les équipes et les partis ne sont jamais à l'abri de mensonges (faux appuis) ou de refus, mais cela demeure généralement l'apanage d'une minorité d'électeurs et d'électrices.

- Les rencontres citoyennes et assemblées de cuisine

    - Une personne candidate va généralement chercher à rencontrer un maximum d'électeurs et d'électrices possible durant la campagne, de façon à faire bonne impression et/ou à les convaincre de lui accorder leur vote.
    - Ces rencontres peuvent avoir lieu dans les lieux publics (terminus d'autobus, gare de train, entrée de supermarché, etc.) ou dans les événements ouverts à la communauté (fête de quartier, rassemblement communautaire, spectacle, etc.). Les candidat·e·s

peuvent également organiser des événements suscitant des rencontres (assemblée de cuisine, rassemblement de campagne, café ou bière politique dans un établissement local, etc.).

- Le financement populaire

  - Eh oui, comme on l'a vu plus tôt, le financement est le nerf de la guerre ! La sollicitation de dons est généralement beaucoup plus facile en période électorale, car les gens sont mobilisés autour des enjeux et à l'écoute de ceux-ci. De plus, comme expliqué précédemment, la contribution maximale par citoyen·ne passe du simple au double en année électorale (paliers québécois et municipal), ce qui rend ces opérations d'autant plus intéressantes financièrement pour les équipes et les partis.

- La distribution de publicité

  - Il s'agit de feuillets informatifs, de dépliants, de lettres, etc. Le matériel promotionnel écrit demeure encore un outil essentiel des campagnes électorales, même à notre époque.

5. Les débats

- Si on connaît bien les débats des chefs télévisés, on s'attarde généralement moins aux autres formes de débats, qui jouent néanmoins un rôle important dans les campagnes électorales et occupent beaucoup de temps dans l'agenda des candidat·e·s. D'ailleurs, les candidat·e·s « vedettes » ou élu·e·s sortant·e·s, qui ont déjà une maîtrise des dossiers, sont souvent désigné·e·s pour agir en tant que représentant·e de leur chef de parti sur différentes tribunes. Ces débats peuvent être organisés par des médias locaux, des groupes communautaires ou des groupes d'intérêts, entre autres.

6. Le vote par anticipation (BVA — pour bureau de vote par anticipation)

- Pour les équipes et les partis, c'est l'occasion de prendre de l'avance en prévision du jour J. En effet, en « sortant » un maximum de votes ces jours-là, on s'assure que ces personnes ne changent pas d'idée d'ici au jour du vote officiel et on commence à amasser les appuis nécessaires à une victoire. C'est du vote déjà « en banque ».
- Il est intéressant de noter que le taux de vote par anticipation est en augmentation à chaque élection, tandis que le taux de participation général est en déclin. Les gens sont ainsi moins nombreux à s'exprimer, mais ceux qui le font semblent plus décidés.

7. Le jour J (BVO — pour bureau de vote ordinaire)

- La journée la plus importante d'une campagne électorale ! L'objectif des équipes et des candidat·e·s est unique : faire « sortir le vote ». Cela signifie qu'on souhaite amener un maximum d'électrices et d'électeurs identifiés comme « sympathisant·e·s » à aller voter. Pour ce faire, les bénévoles utilisent souvent les appels téléphoniques pour contacter les personnes visées et leur rappeler les détails liés au vote (emplacement du bureau de vote, heures d'ouverture, etc.) et leur offrir un transport, si nécessaire. On veut vraiment tout faire pour faciliter l'exercice du vote, surtout quand on sait que cette personne votera (si le pointage est bien le bon…) en notre faveur.
- Les personnes candidates n'ont pas le droit de distribuer du matériel promotionnel à l'intérieur des bureaux de vote. En fait, les équipes et les partis doivent même retirer leurs affiches à proximité des bureaux de vote le jour du scrutin, afin d'éviter d'influencer le jugement des électeurs et électrices. De la même façon, la publication de sondages est interdite le jour du vote.

- Généralement, les personnes candidates font la tournée des bureaux de vote dans l'objectif de remercier le personnel électoral lors du BVA et du BVO (et un peu pour se faire voir, dans l'espoir que leur sourire puisse convaincre quelques personnes au passage, entre vous et moi).
- Au fil de la journée, les bénévoles des équipes et des partis peuvent obtenir des listes d'électeurs et électrices ayant voté (entre initié·e·s, on les appelle les « feuilles de bingo », parce que ça ressemble vraiment à ça). Chaque électeur ou électrice ayant un numéro lui étant attribué, c'est ce numéro qui est barré lorsque la personne vient exercer son droit de vote, pour éviter que quelqu'un vote deux fois. Cette information permet également aux équipes et aux partis bien organisés de pouvoir faire le suivi de l'efficacité de leurs opérations de sortie de vote en sachant qui doit être rappelé, ou qui sont les personnes dont le vote peut être compté comme étant « dans la boîte » et dont on n'a plus à se préoccuper pour la journée. *Alea jacta est* (« les dés sont jetés »).

8. Le dépouillement

- Les employé·e·s des bureaux de vote dépouillent la boîte de scrutin leur ayant été attribuée au début de la journée. D'autres employé·e·s sont chargé·e·s de comptabiliser le contenu des boîtes de scrutin (scellées) issues du vote par anticipation.

- Pourquoi certains résultats sont-ils connus plus rapidement que d'autres ? Cela dépend simplement de la manière dont s'organise le bureau de vote et de la rapidité d'exécution des employé·e·s. Parfois, plusieurs comptages sont requis afin d'éviter les erreurs, qu'on souhaite éliminer à tout prix étant donné leurs conséquences importantes. Il peut aussi arriver qu'on procède à l'avance au comptage des boîtes de scrutin par anticipation, ce qui fait que ces résultats peuvent être connus très vite après la fermeture des bureaux de vote.

9. La production du rapport

- Toutes les dépenses réalisées du jour du déclenchement au jour du vote doivent être scrupuleusement comptabilisées pour respecter le plafond de dépenses électorales. Un rapport doit être produit pour rendre des comptes aux organisations chargées de surveiller et d'organiser le processus électoral (Élections Canada, Élections Québec, Élections Longueuil, etc. — chaque Ville est responsable de son propre scrutin, qu'organise le service du greffe de la municipalité).

Le vote

C'est LE geste citoyen par excellence ! Il est vrai que, comme le veut l'adage, « la démocratie ne se joue pas seulement une fois tous les quatre ans » (en référence à la durée des mandats), mais il n'en demeure pas moins que c'est un moment crucial, où beaucoup est en jeu, puisque les répercussions des décisions des personnes que nous porterons au pouvoir se feront sentir pendant bien plus longtemps que quatre ans.

Élections générales ou partielles ?

Des élections générales : Elles ont lieu partout en même temps, à l'échelle du pays, de la province ou des villes (simultanément).

Des élections partielles : Elles ont lieu dans une seule circonscription ou district, par exemple lorsqu'un·e élu·e quitte son poste et doit être remplacé·e. Si plusieurs circonscriptions ou districts sont vacants au même moment, il arrive qu'on tienne plusieurs élections partielles lors d'une même journée.

Circonscriptions et districts ?

Ce sont des divisions territoriales établies en vue des élections. Chaque division est représentée par un·e élu·e (député·e ou conseillère ou conseiller municipal). Elles ne correspondent pas nécessairement aux limites des quartiers et des municipalités, et varient d'un palier à l'autre.

Palier fédéral : 343 circonscriptions

Palier québécois : 125 circonscriptions

Palier municipal : Le nombre de districts varie selon la taille de la ville. Seules les municipalités de 20 000 habitant·e·s et plus ont l'obligation de se diviser en districts municipaux (mais la majorité le fait quand même).

Le mode de scrutin ?

C'est la façon de voter. Il existe plusieurs modes de scrutin à travers le monde, et de nombreuses variantes. Attardons-nous au nôtre : le scrutin uninominal majoritaire à un tour.

Fonctionnement : Nous votons pour une personne candidate dans notre circonscription, district ou ville, et c'est celle ayant recueilli le plus grand nombre de votes qui est automatiquement élue. Que cette avance soit de 5 000 votes ou d'un seul, cela ne change rien au résultat : il suffit d'avoir le nombre de votes le plus élevé par rapport aux autres candidat·e·s. On dit que ce mode de scrutin est « à un tour », car on ne vote qu'une fois. En France, par exemple, deux tours de scrutin sont nécessaires pour parvenir à un résultat électoral. Les deux candidat·e·s ayant obtenu le meilleur résultat au premier tour sont désigné·e·s pour prendre part au deuxième tour.

Avantage : Ce mode de scrutin est très simple à comprendre et à organiser.

Inconvénient : Il est peu représentatif de la volonté populaire. D'ailleurs, des tentatives pour réformer le mode de scrutin (par exemple, en instaurant des éléments de proportionnalité) ont avorté dans l'histoire récente, tant au provincial qu'au fédéral. On dit souvent qu'il est rare pour un parti au pouvoir de tenir une promesse en ce sens, puisqu'il a réussi à gagner avec le mode de scrutin en vigueur. Il n'en voit donc plus l'intérêt électoral. Il faudrait alors une volonté sincère et inébranlable, ancrée dans des convictions fortes, pour arriver à mettre en œuvre une telle réforme.

À noter : Le même mode de scrutin s'applique au palier municipal, mais la mairesse ou le maire doit être élu au suffrage universel. Ainsi, sur leur bulletin de vote, les électrices et les électeurs doivent à la fois choisir leur conseillère ou conseiller municipal et leur mairesse ou maire. Ce n'est donc pas le nombre de conseillères ou conseillers affiliés à un parti politique qui détermine qui occupera la mairie, mais bien le nombre de voix recueillies à l'élection.

Qui peut voter ?

Canada : Il faut avoir 18 ans et plus et détenir la citoyenneté canadienne.

Québec : Il faut avoir 18 ans et plus, détenir la citoyenneté canadienne et résider sur le territoire du Québec depuis 6 mois ou plus.

Municipal : Il faut avoir 18 ans et plus, détenir la citoyenneté canadienne, résider sur le territoire du Québec depuis 6 mois ou plus, et avoir sa résidence principale dans la ville pour laquelle on exerce son droit de vote OU s'être inscrit·e pour y voter en tant que propriétaire individuel·le d'immeuble OU avoir obtenu une procuration pour voter sur le territoire d'un immeuble possédé depuis plus de 12 mois, lorsque cet immeuble est détenu par une personne morale (entreprise) qui nous appartient en tout ou en partie. Gare au mythe tenace : tant les locataires que les propriétaires peuvent voter !

Voter, ça change quoi ?

En votant, vous vous exprimez de deux façons :

En choisissant la personne (ou les personnes) qui vous représentera à la Chambre des communes, à l'Assemblée nationale ou au conseil municipal.

En influençant la répartition du financement étatique des partis politiques — au provincial et au municipal. Comme expliqué précédemment, la cagnotte se divise entre les partis selon le pourcentage des votes qu'ils ont obtenu. Contrairement au mythe répandu, un vote n'équivaut pas à un montant d'argent supplémentaire versé aux partis politiques, mais influence la répartition de l'argent qui leur est versé.

Voter stratégiquement ou selon ses convictions ?

C'est souvent LA question ! En réalité, les deux options sont valables. Dans une démocratie, on souhaite que chaque électrice et électeur ait le maximum d'information pour lui permettre d'exercer le meilleur choix possible de son point de vue, incluant la possibilité d'empêcher le résultat qu'il souhaite le moins. Ainsi, voter de façon stratégique peut être utile dans certains contextes électoraux, pour « bloquer » la voie à un parti (en choisissant le « moins pire », même si ce n'est pas celui qui correspond le plus à ses idées et à ses valeurs). Si vous préférez voter selon vos convictions, sachez que cela aura une influence même si votre candidat·e préféré·e n'a pratiquement « aucune chance » de l'emporter. En effet, comme expliqué précédemment, cela offre un coup de pouce financier au parti de votre choix, qui peut ensuite mieux faire valoir ses idées (et, par ricochet, les vôtres).

Que faire si l'on ne se reconnaît pas dans l'offre politique ?

Il faut savoir que, comme électrice ou électeur, nous ne sommes pas obligé·e·s de voter en faveur d'un·e candidat·e si l'offre politique ne nous convient pas. Cela ne nous empêche pas d'aller exercer notre devoir de citoyen·ne et de voter, en faisant honneur à la démocratie dans laquelle nous avons de la chance de vivre. Bulletin de vote en main, vous avez le choix d'« annuler » votre vote en cochant plusieurs cases à la fois, ou encore de voter « blanc », en laissant votre bulletin vierge. C'est un choix tout aussi légitime que celui de voter pour un·e candidat·e. Votre vote sera ainsi comptabilisé parmi les bulletins « rejetés » et comptera dans le taux de participation final. Contrairement à ce qui prévaut au Canada, certains pays (Colombie, Suède, Belgique, etc.) permettent de comptabiliser les votes blancs (soit un vote en faveur d'aucun·e candidat·e) formellement, en ajoutant cette option sur le bulletin de vote.

Le résultat du vote?

Le ou la gouverneure générale (Canada) ou le ou la lieutenante-gouverneure (Québec) appelle le ou la chef du parti ayant la plus grande représentation en nombre de député·e·s élu·e·s à former le gouvernement, et c'est ce ou cette chef qui est ainsi automatiquement désigné·e premier ou première ministre. L'ensemble des candidat·e·s élu·e·s sont aussi appelé·e·s à siéger et à composer l'assemblée législative.

Au palier municipal, la mairesse ou le maire qui remporte le vote devra composer avec le conseil municipal élu, peu importe que des conseillères ou des conseillers soient de la même équipe/parti ou pas. Ainsi, une mairesse ou un maire pourrait être élu sans que personne de son équipe/parti ne le soit.

LE
QUOTI
D'U
ÉLU·

DIEN
N·E
E

Affichage de poste

Nom du poste : Élu·e.

Employeur : Fédéral, provincial ou municipal.*

Durée du contrat : Quatre ans, renouvelable.

Processus de sélection : Obtenir le plus grand nombre de votes sur un territoire donné (circonscription, district ou ville, selon le poste convoité) lors d'une élection.

Responsabilités :

- Représenter l'ensemble des citoyen·ne·s du territoire pour lequel on a remporté l'élection, notamment en siégeant à l'instance appropriée (Chambre des communes du Canada, Assemblée nationale du Québec ou conseil municipal, selon le cas) ;
- Agir en tant qu'intermédiaire entre la population et l'administration publique ;
- Étudier, analyser et voter les lois et les règlements (légiférer) ;
- Contrôler l'action gouvernementale sous sa juridiction et exercer un pouvoir d'enquête et de surveillance à l'égard de l'administration publique (s'applique uniquement aux député·e·s et aux mairesses et maires) ;

* Je fais ici volontairement omission du scolaire, puisque les fonctions électives ont été abolies dans le réseau francophone il y a quelques années.

Formation académique : Aucune exigence particulière.

Expérience : Aucune exigence particulière.

Critères obligatoires :

- Être âgé·e de 18 ans ou plus ;
- Détenir la citoyenneté canadienne ;
- Vivre sur le territoire du Québec depuis au moins six mois (pour les paliers québécois et municipal) ;
- Résider dans la municipalité où l'on souhaite se présenter au moment de déposer son bulletin de candidature (pour le palier municipal).

Critères souhaitables :

- Capacité d'apprentissage rapide et d'adaptation au changement ;
- Habilcté à communiquer, notamment à parler en public ;
- Capacité à travailler en équipe et à mobiliser ;
- Capacité à travailler sous pression et à accepter la critique.

Salaire : Entre quelques centaines de dollars pour siéger au conseil municipal d'un petit village et 375 000 $ par année pour occuper la fonction de premier ou première ministre du Canada (varie en fonction de la taille de l'organisation et du niveau de responsabilité).

Horaire: Selon le rôle, de 2 à plus de 90 heures par semaine, du lundi au vendredi, parfois le samedi et le dimanche, de jour comme de soir. Sur appel 24 heures sur 24, 7 jours sur 7, 365 jours par année (366 pour les bissextiles).

Vacances: Payées et flexibles, mais vous devez toujours être disponible en cas d'urgence!

Avantages: Assurances, régime de retraite, horaires de travail flexibles.

Possibilités d'avancement:

- Membre du comité exécutif: si désigné·e par la mairesse ou le maire (s'applique uniquement aux villes de 100 000 habitants et plus);
- Mairesse ou maire suppléant·e: si désigné·e par le conseil municipal;
- Président·e de la Chambre ou du conseil: si élu·e par les députés·e·s ou désigné·e par le conseil municipal;
- Ministre: si désigné·e par le premier ou la première ministre;
- Premier ou première ministre: si désigné·e ou élu·e chef du parti politique détenant une majorité de sièges au Parlement.

L'INFO DE +

Les congés parentaux :

À la Chambre des communes du Canada

Dans les faits : Les député·e·s sont tenu·e·s à l'assiduité et se voient imposer des pénalités financières en cas d'absences « injustifiées » (lire ici : non liées à la fonction, à un service militaire ou à un problème de santé).

Une réforme a été instaurée en 2019 afin qu'aucune somme ne soit déduite de l'indemnité de session d'une députée enceinte qui n'assisterait pas à une séance au cours de la période de 4 semaines précédant la date prévue de l'accouchement.

Le ou la députée continue de recevoir son plein salaire pour prendre soin de son nouveau bébé au cours de la période de 12 mois suivant le jour de la naissance de l'enfant.

Depuis la pandémie de COVID-19, les député·e·s peuvent travailler en mode hybride et voter à distance.

Dans la vraie vie : En empochant leur plein salaire pendant leur « congé » parental, les député·e·s de la Chambre des communes peuvent craindre de se faire critiquer par la population s'ils ou elles s'en prévalent entièrement.

Les député·e·s du fédéral sont moins scruté·e·s par les médias (du moins, au Québec) et peuvent davantage passer inaperçu·e·s, ce qui peut expliquer pourquoi certain·e·s élu·e·s nouvellement parents ont été absent·e·s plus longtemps que leurs homologues de l'Assemblée nationale du Québec, par exemple.

Le mode de travail hybride des parlementaires et la possibilité de voter à distance est certainement ce qui fait la plus grande différence en facilitant l'exercice de leurs fonctions.

À l'Assemblée nationale du Québec

Dans les faits : Les député·e·s sont tenu·e·s à l'assiduité. La notion d'assiduité n'est pas vraiment définie, outre un amendement survenu en 2022 indiquant qu'une absence motivée en raison de la naissance ou de l'adoption d'un enfant ne doit pas être sujette à un blâme en vertu du code d'éthique, et ce, pour une période d'un an.

Il n'existe pas de congé parental formel, et les élu·e·s ne sont pas admissibles au Régime québécois d'assurance parentale (RQAP).

Contrairement au palier fédéral, les député·e·s ne peuvent pas travailler en mode hybride ni voter à distance.

Dans la vraie vie : Dans les dernières années, plusieurs député·e·s se sont absenté·e·s durant quelques semaines ou mois suivant l'arrivée de leur poupon, faisant fi de l'exigence d'assiduité : Geneviève Guilbault, Émilise Lessard-Therrien, Sol Zanetti, Catherine Dorion, Marwah Rizqy et Gabriel Nadeau-Dubois en sont les exemples les plus récents.

Pour la plupart d'entre eux et elles, la durée de l'absence est de très courte durée, puisque le fardeau de déterminer ce qui est « raisonnable » leur revient.

Plusieurs député·e·s ont rapporté se « sentir mal » d'être payé·e·s alors qu'ils ou elles étaient absent·e·s. Ils ou elles peuvent aussi craindre de nuire à leur parti alors que leur vote ne peut pas être comptabilisé (ce serait surtout le cas dans un contexte de gouvernement minoritaire, où chaque vote peut faire pencher la balance quant à l'adoption d'un projet de loi).

Pour éviter le sentiment d'injustice, par rapport aux autres Québécoises et Québécois salariés, et les critiques, les député·e·s préfèrent souvent retourner rapidement à l'Assemblée nationale.

Dans les municipalités

Dans les faits : Un·e élu·e municipal·e peut s'absenter pour une durée de 18 semaines à la suite de la naissance ou de l'adoption d'un enfant et souscrire au Régime québécois d'assurance parentale (RQAP).

Depuis 2024, les élu·e·s des municipalités peuvent assister aux séances du conseil à distance pour une période maximale d'un an à la suite de la venue de leur nouveau-né.

Dans la vraie vie : Pour les conseillères et conseillers, le « congé » parental du municipal est certainement le mieux encadré des trois paliers, car on exige seulement qu'ils et elles assistent à la séance mensuelle (ou bimensuelle) du conseil municipal.

Pour les mairesses et les maires, c'est plus compliqué. Le pouvoir est beaucoup plus large, et ils et elles demeurent imputables (c'est-à-dire responsables devant la population) de tout ce qui se passe au sein de l'appareil public de leur Ville. Ils et elles peuvent déléguer ce pouvoir à une mairesse ou à un maire suppléant durant leur absence, mais en définitive, si cette personne prend une décision qui met la municipalité dans le pétrin, c'est la personne qui occupe la « vraie » fonction qui devra la justifier ou s'occuper des dégâts à son retour. Cela ressemble beaucoup à la réalité d'un·e entrepreneur·e, avec des sources de pression différentes.

À considérer

Par définition, la fonction d'élu·e est toujours précaire, puisqu'elle doit être soumise à un vote de la population au terme de chaque mandat. Pour obtenir la faveur populaire, les élu·e·s cherchent souvent à être le plus « visibles » possible (que ce soit dans les médias ou par une présence soutenue sur le terrain, par exemple dans des événements communautaires), d'où la pression supplémentaire à retourner rapidement au boulot après la venue au monde d'un enfant. Autrement, l'élu·e pourrait craindre que les journalistes, les collègues ou ses concitoyen·ne·s l'oublient, jugent sévèrement ses absences ou encore doutent de la qualité de son travail.

Le palier municipal permet une meilleure conciliation travail-famille, puisque les élu·e·s demeurent dans leur municipalité, contrairement aux parlementaires, qui doivent voyager chaque semaine entre leur lieu de résidence et Ottawa ou Québec, pour une période allant de trois à cinq jours, selon les cas. L'expérience (et l'équilibre !) des jeunes parents députés est d'ailleurs souvent bien meilleure lorsqu'ils vivent à proximité du parlement et qu'ils peuvent conséquemment rentrer dormir à la maison tous les soirs, pour y retrouver leurs enfants.

Sortez le on pose questi

Avouons que la vie personnelle des élu·e·s et la vie politique en général suscitent la curiosité. Pour votre plus grand plaisir, je réponds à quelques questions sucrées-salées.

popcorn, les vraies ons !*

→ À quoi ressemble une semaine de travail typique pour les député·e·s ?

Être député·e n'est pas une « profession », c'est une fonction. Être titulaire de celle-ci revient donc à endosser un mode de vie plus qu'un horaire de travail conventionnel.

Du mardi au jeudi (Québec), ou du lundi au vendredi sur un horaire variable (Canada), les député·e·s se rendent au parlement pour assister aux sessions parlementaires (de septembre à décembre, puis de février à juin). Des séances de travail, des commissions parlementaires, des périodes de questions, des conférences de presse et des rencontres de différentes natures (avec un groupe d'intérêts, avec des étudiant·e·s en visite, en caucus avec les membres de leur formation politique, etc.) remplissent leurs journées, généralement d'assez tôt le matin à souvent tard le soir.

* Incluant des extraits remaniés d'une chronique que j'ai écrite pour *Urbania* en 2021.

Les journées du lundi et/ou du vendredi sont quant à elles habituellement réservées au travail dans les bureaux de circonscription. Les député·e·s y assistent leur équipe dans les services aux citoyen·ne·s, aux organismes, aux municipalités et aux entreprises (ex. : soutien dans le démarrage d'un projet, appui dans leurs démarches avec l'administration publique, écoute de ce qu'ils et elles ont à dire sur un enjeu qui leur tient à cœur). Les rencontres se succèdent donc à un bon rythme. En soirée, les député·e·s sont souvent invité·e·s à des événements organisés dans leur circonscription, auxquels ils et elles participent en tout ou en partie, selon leur agenda et leur conciliation travail-famille-vie personnelle.

Même les fins de semaine, les député·e·s rattrapent souvent du travail de bureau accumulé durant la semaine.

→ Et celle des mairesses et des maires ?

Comme pour les député·e·s, le titre de mairesse ou de maire d'une municipalité est avant tout une fonction.

Même si les seules rencontres « obligatoires » sont les séances du conseil municipal, un·e élu·e peut perdre son siège après trois absences injustifiées au conseil municipal. Cela vaut aussi pour la mairesse ou le maire. L'assiduité est donc de mise !

Le reste de l'agenda n'est pas vide pour autant ! Étudier les différents dossiers, tenir des rencontres avec les fonctionnaires, lire des documents (beaucoup, beaucoup de documents), représenter la Ville auprès de diverses instances ou dans différents comités et rencontrer la population lors d'événements communautaires font partie des nombreuses tâches qui incombent à la mairie.

Donc qui, des député·e·s ou des mairesses et maires, travaillent le plus ? Dur à dire. Quand j'étais députée à l'Assemblée nationale, je m'impliquais dans différentes initiatives de mon plein gré, sans que cela relève de mes obligations professionnelles. D'un autre côté, j'étais dans l'opposition, je n'avais donc pas la même pression (il est plus facile de lancer des idées que d'avoir le fardeau de les rendre tangibles et de les faire appliquer !). En tant que mairesse, je suis nécessairement « au pouvoir » de la municipalité et, donc, redevable et imputable en tout temps auprès de la population. J'évalue néanmoins que je travaillais approximativement de 50 à 60 heures par semaine comme députée (parfois davantage…), et facilement plus de 70 heures par semaine comme mairesse. C'est donc plus de boulot, mais je dors chez moi tous les soirs et je ne vis plus dans mes valises… Un avantage non négligeable !

→ Est-ce que les député·e·s dorment à l'hôtel lorsqu'ils et elles siègent à Québec ou à Ottawa ?

Les député·e·s doivent être physiquement présent·e·s à Québec au minimum trois jours par semaine durant les sessions parlementaires, tandis qu'ils et elles sont requis·es trois ou quatre jours à Ottawa. Ainsi, celles et ceux qui résident à plus de 50 kilomètres de l'Assemblée nationale ont droit à une allocation de logement à Québec (nuitées à l'hôtel, location d'un appartement ou paiement hypothécaire sur une propriété). Le même principe prévaut pour les déplacements. Cette allocation est calculée en fonction du nombre de kilomètres effectués. Le même genre d'accommodement est offert aux député·e·s de la Chambre des communes, au fédéral.

→ Est-ce que les député·e·s ont droit à une pension de retraite à vie une fois leur mandat terminé ?

Certaines rumeurs laissent entendre que les député·e·s québécois·es reçoivent une « pleine pension » après huit ans de service, ce qui est faux. Dans les faits, la pleine rente est payable à partir de 60 ans, et ses crédits correspondent à 4 % de l'indemnité salariale reçue pendant les années de service (jusqu'à concurrence de 25 ans), indexés en vertu de la Loi sur le régime de rentes du Québec. Il est cependant vrai que cette indexation est très généreuse en comparaison aux autres régimes de retraite.

Le régime de retraite des député·e·s du fédéral est pour sa part beaucoup plus avantageux, puisque les parlementaires ont accès à une pleine rente après seulement 6 années de service (payable à partir de 55 ou 65 ans) !

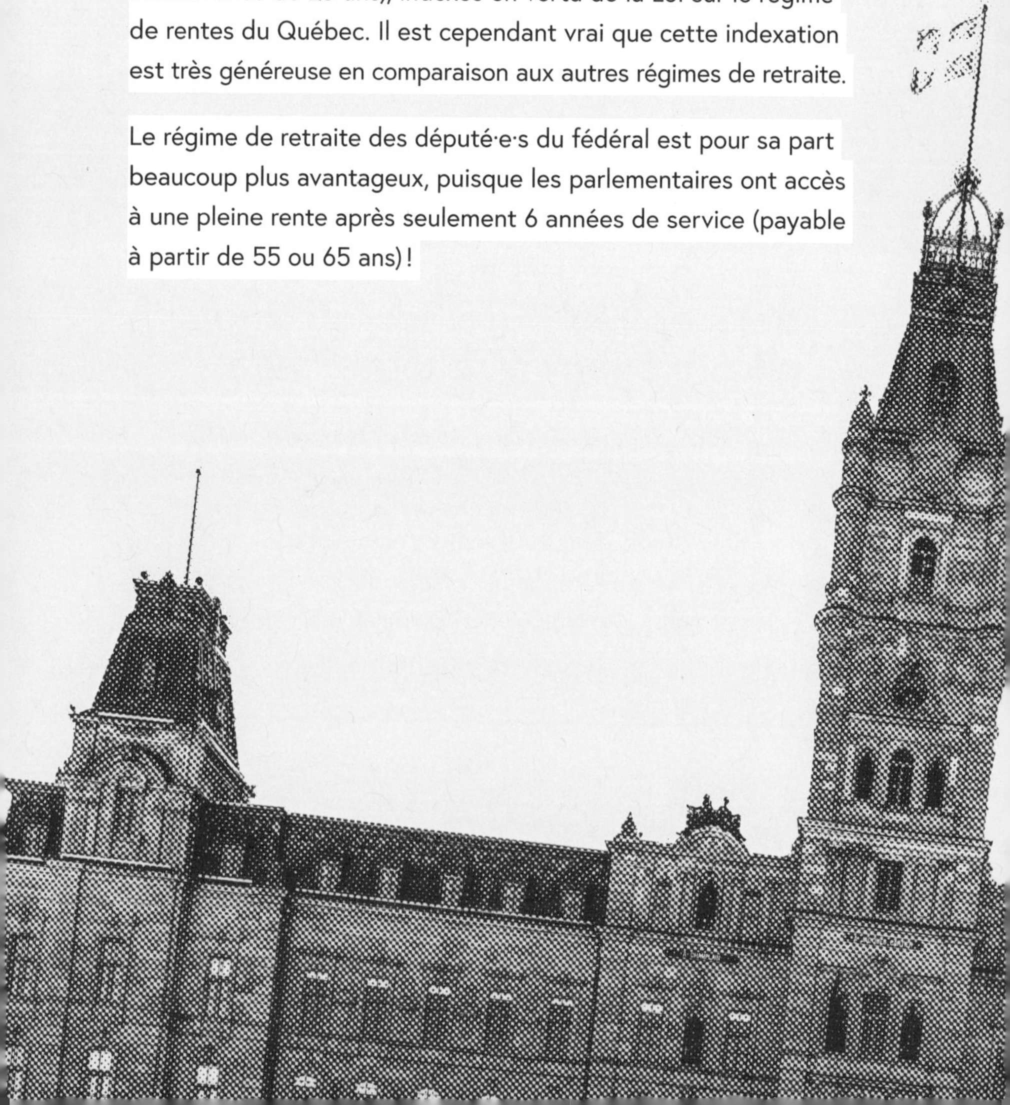

→ Comment les bureaux sont-ils alloués dans les parlements ? Est-ce au hasard, comme les casiers au secondaire ?

À l'Assemblée nationale, chaque député·e dispose de son propre bureau. Ils sont alloués en fonction de deux critères, essentiellement :

- **Le résultat électoral.** Ainsi, les bureaux des député·e·s du gouvernement sont au rez-de-chaussée, ceux de l'opposition officielle sont au 1er étage, et ceux des 2e et 3e groupes parlementaires et des indépendant·e·s sont au 3e étage. Tous les étages sont similaires, sauf le 3e, dont les fenêtres des bureaux, en corniche, sont beaucoup plus petites. L'ancien tapis caractéristique de cet étage a toutefois fait place à de fraîches rénovations.

- **La fonction occupée.** Sans surprise, les chefs de parti disposent des plus grands (et beaux) bureaux. Il en va de même pour les leaders parlementaires. Puisque les ministres travaillent plutôt de leurs ministères respectifs, dans d'autres bâtiments de la ville de Québec, leurs bureaux sont souvent de plus petite taille et situés près de la sortie principale, au rez-de-chaussée (« la porte 6 », pour les initié·e·s). Quant aux autres député·e·s, c'est généralement le whip de leur parti qui décide de l'attribution des bureaux.

Le principe est un peu le même au fédéral, à l'exception du fait que des député·e·s de partis différents peuvent être mélangé·e·s sur les étages. Les député·e·s étant en plus grand nombre, leurs bureaux se trouvent dans des bâtiments autres que celui de la Chambre des communes, répartis à différents endroits sur la colline Parlementaire.

En passant, la répartition des bureaux peut provoquer de véritables chicanes internes (oui, je suis aussi découragée que vous) et est toujours sujette à alimenter les discussions entre les murs du parlement ! Je n'entrerai pas dans les détails de la répartition du mobilier, qui nécessiterait à elle seule son propre texte complet (c'est une blague… ou presque).

→ Est-il vrai de dire que les député·e·s non ministres sont des « plantes vertes » ?

Il y a quelques années, l'ex-députée Claire Samson avait affirmé que les élu·e·s « d'arrière-ban », comme elle, étaient des « plantes vertes », et que sa fonction de députée était « la job où [elle avait] le moins travaillé dans sa vie ». La réalité, c'est que si on ne fait preuve d'aucune proactivité en tant que député·e, qu'on ne pousse pas notre rôle au-delà des exigences minimales et qu'on attend que les dossiers nous tombent dessus, oui, c'est possible de devenir une « plante verte ». L'idée, pour faire une « job » efficace, est d'aller au-devant des gens et des organisations de sa circonscription pour mieux comprendre leur réalité, les soutenir dans les difficultés éprouvées, etc. C'est d'ailleurs ce que font la plupart des député·e·s non ministres, qui — en plus de s'impliquer sérieusement dans la tenue des travaux parlementaires à l'Assemblée nationale — mettent les bouchées doubles dans leur circonscription en assurant une présence forte, mais aussi un appui dans les dossiers locaux d'importance, notamment pour les porter auprès des ministres et les faire avancer.

→ Est-ce plus difficile d'être une femme en politique, même de nos jours ?

La recherche démontre malheureusement que oui.

Encore aujourd'hui, les femmes sont celles qui ont le plus de charge (notamment mentale) liée à la famille. La conciliation politique-famille se révèle donc toujours plus ardue pour elles, d'autant plus que la socialisation des jeunes filles fait que les femmes se culpabilisent plus facilement que les hommes.

Si, au fil de mon parcours, j'ai vécu personnellement quelques épisodes de paternalisme et/ou de misogynie qui relèvent plutôt de l'anecdote à mes yeux, ceux-ci sont néanmoins révélateurs d'une réalité qui subsiste toujours, de manière plus subtile et sournoise. Plusieurs parlementaires ou ex-parlementaires ont exposé cette réalité dans une enquête récente menée par la journaliste Jocelyne Richer et recensée dans son ouvrage *Le sexe du pouvoir*, publié aux Éditions La Presse en 2024 : ton de voix, vêtements et apparence critiqués ; traitement médiatique plus sévère ; commentaires haineux de nature sexuelle sur le Web… D'ailleurs, sur ce dernier point, la violence dont sont victimes les femmes élues en ligne n'est plus à démontrer. Le documentaire *Je vous salue salope* (La Ruelle Films, 2022) des réalisatrices Léa Clermont-Dion et Guylaine Maroist en fait notamment une brillante (quoique fort inquiétante) illustration. Beaucoup de travail reste manifestement encore à faire…

Saluons toutefois nos avancées (j'en suis une belle preuve, ayant réussi à obtenir des fonctions électives d'importance à un jeune âge, chose qui serait tout simplement impossible dans la plupart des États du monde), tout en demeurant toujours vigilant·e·s. L'illustre féministe Simone de Beauvoir écrivait qu'il ne suffisait que d'une crise pour que les droits des femmes soient remis en question. Pour cette raison, nous devrons toujours, femmes et allié·e·s, rester aux aguets pour éviter tout recul qui nous ferait basculer.

→ Les amitiés sincères sont-elles possibles entre élu·e·s de différentes formations politiques ?

Bien sûr ! En guise d'exemple, on peut penser à l'immense *girl crush* qu'ont eu l'une pour l'autre les ex-députées Louise Beaudoin et Liza Frulla, respectivement péquiste et libérale, dans les années 1990. Cette histoire très médiatisée est à elle seule la preuve que l'amitié entre député·e·s de différentes allégeances est possible !

Au-delà du spectacle que constitue la période de questions, où les attaques fusent trop souvent, notons que les élu·e·s sont appelé·e·s à se côtoyer quotidiennement dans des situations beaucoup moins tendues : en commission parlementaire, à la cafétéria, lors d'un 5 à 7 entre collègues, dans un restaurant de Grande Allée après une journée de travail, dans un événement, une mission à l'étranger…

Pour ma part, je compte parmi mes ami·e·s proches plusieurs personnes extraordinaires rencontrées au fil de mon parcours politique, notamment dans les couloirs de l'Assemblée nationale. La vie politique est tellement intense qu'il est naturel de se rapprocher des gens avec qui nous passons autant de temps et avec qui nous partageons une passion et des aspirations communes.

→ Quelle est la fonction politique la plus exigeante au Québec ?

C'est relatif, puisque ça dépend aussi du rythme et de la charge de travail que s'imposent les élu·e·s sur une base individuelle (je suis bien placée pour parler, en écrivant ce livre !). Cela dit, si je devais objectivement en choisir une, juste une, je dirais la mairie de la Ville de Montréal. Pourquoi ? La gouvernance de la métropole est extrêmement complexe, et cela peut rendre la tâche particulièrement ingrate. En effet, avec les fusions et les défusions municipales successives au début des années 2000, la Ville de Montréal est maintenant composée de plusieurs arrondissements (auparavant des municipalités indépendantes), qui ont non seulement conservé des compétences, mais aussi un pouvoir de taxation. Ceux-ci sont représentés par des mairesses et des maires, de même que par un conseil formé d'élu·e·s qui leur sont propres. Plusieurs décisions prises par les arrondissements ont donc des effets notables sur la qualité des services rendus, d'autant que certains d'entre eux relèvent uniquement de leur champ d'action (par exemple, le déneigement), sans avoir de lien avec les décisions prises par la ville centre (dont la mairesse ou le maire est le représentant). Puisque ce système est très complexe et que la mairie de Montréal est hautement médiatisée (contrairement aux mairesses et maires d'arrondissement, qui sont souvent des inconnu·e·s du grand public), les citoyen·ne·s ont tendance à attribuer toutes les décisions (et surtout, tous les problèmes) à la mairesse ou au maire, qui devient imputable d'enjeux avec lesquels elle ou il n'a souvent rien à voir, ou pour lesquels elle ou il n'a aucun (ou très peu de) contrôle, surtout lorsque les élu·e·s des arrondissements ne proviennent pas de la même formation politique que celle de la mairesse ou du maire de la ville centre.

→ Est-ce qu'on se tanne des soupers spaghetti ?

En tant que très grande fan de cet exquis plat *wannabe* italien, coté n° 1 dans les choix culinaires de mes 2 à 18 ans (et encore assez haut dans mon palmarès...), je répondrais que NON, puisqu'il n'y a jamais trop de spaghetti dans ma vie. Attention toutefois, vous aurez compris qu'il s'agit là d'une opinion personnelle qui n'implique en rien celle des autres élu·e·s !

Plus sérieusement, le nombre de soupers spaghetti varie selon le nombre de levées de fonds organisées sur le territoire qu'on représente et les préférences culinaires de ces groupes. Malgré un milieu communautaire fort, le spaghetti semble peu populaire à Longueuil, puisque je n'ai été invitée qu'à un très petit nombre de ces soupers à travers les années, à mon grand désarroi.

→ Est-ce possible de faire l'épicerie tranquille, une fois élu·e ?

Pour ma part, ça se passe toujours bien ! Les gens respectent mon intimité et m'adressent le plus souvent des sourires et des commentaires courts, très gentils. Parfois, ils me posent des questions, et je suis en mesure d'y répondre brièvement. Dans tous les cas, ces interactions sont courtoises. Je suis tout à fait capable de faire mon épicerie rapidement lorsque je suis pressée (plus souvent qu'autrement) ! Cela dit, j'ai l'impression que cette réalité est plutôt propre à mon milieu urbain, en comparaison d'un milieu rural. J'ai souvent entendu mes collègues mairesses et maires de plus petites villes ou villages raconter des épisodes d'épiceries interminables !

→ Est-ce qu'un·e élu·e peut changer d'allégeance politique en cours de route ?

Je suis plutôt bien placée pour répondre à cette question, puisque ça m'est arrivé ! En effet, lorsque j'étais députée, j'ai d'abord été élue sous la bannière d'un parti politique avant de m'en « désaffilier » et de siéger comme « indépendante » (sans parti).

Un changement de la sorte est tout à fait « légal » ; notre système politique est conçu de telle sorte qu'on vote pour une personne (candidate dans notre circonscription), et non pour un·e chef ou un parti. Il peut cependant y avoir un enjeu de légitimité et de confiance lorsqu'un·e élu·e change radicalement de position politique.

De mon côté, je demeure à l'aise avec la décision que j'ai prise à l'époque, car je m'appuyais sur mes idées et mes convictions, qui demeuraient les mêmes. Je n'étais simplement plus convaincue que mon parti était le meilleur véhicule pour porter ces mêmes convictions et je souhaitais demeurer sincère dans mon engagement envers mes électrices et mes électeurs.

→ Vaut-il mieux être un·e élu·e indépendant·e ou est-il préférable de représenter un parti politique ?

Notre système politique n'est vraiment pas adapté pour les indépendant·e·s, surtout en période électorale. Même au municipal, où ils et elles sont nombreux (les partis politiques sont même interdits dans les plus petites municipalités), les avantages de se constituer en parti politique sont indéniables : accès à des ressources financières accrues grâce au financement étatique, organisation électorale facilitée, partage des ressources, etc. Les candidat·e·s affilié·e·s à un parti ont aussi une longueur d'avance, car la population a tendance à voter pour un·e chef de parti (ce n'est pas impossible de remporter la victoire comme indépendant·e, mais ça prend une notoriété solide). Enfin, dans l'exercice de leurs fonctions, les élu·e·s qui appartiennent à un parti peuvent se concerter, partager des dossiers et avoir accès à des employé·e·s de soutien, entre autres.

Malgré tout, j'ai apprécié mon expérience comme députée indépendante. Puisque je devais m'occuper de bien des tâches qui ne m'étaient auparavant pas confiées, j'ai pu mieux comprendre les rouages de notre gouvernement. J'ai aussi pu déterminer mes propres priorités politiques et me concentrer sur les interventions que je considérais comme plus porteuses. J'avais également l'avantage de ne pas me faire questionner sur ma position en réaction aux décisions gouvernementales, ce qui me permettrait d'avoir plus de temps pour réfléchir et développer mes idées. Il faut savoir que les partis ont tendance à prendre position sur tout pour « exister médiatiquement ». Ils le font parce qu'ils s'y sentent obligés ou parce qu'ils craignent de perdre une occasion d'avoir la lumière sur eux et, ainsi, de gagner de potentiels appuis. D'ailleurs, ce que j'ai le plus apprécié de mon expérience de députée indépendante était de pouvoir éviter l'ultrapartisanerie, qui me dérange beaucoup en politique. En effet, les partis encouragent cette dynamique d'opposition permettant de se « distinguer » de leurs adversaires, ce qui crée une situation conflictuelle parfois artificielle et contreproductive pour le bien commun. De mon point de vue, les partis attisent ainsi la polarisation qui nuit à la cohésion sociale et au dialogue.

→ Est-ce que les élu·e·s sont obligé·e·s de respecter la ligne de parti ?

Dans la pratique, la ligne de parti est un concept mal-aimé. Pourtant, elle participe à la cohésion d'équipe, et son influence est moins grande qu'on pourrait le croire.

D'abord, il est très rare qu'un·e élu·e ait le temps de connaître l'ensemble des dossiers en profondeur. Pouvoir compter sur un·e collègue « porteur ou porteuse de ballon » et sur qui l'élu·e peut se fier pour prendre position et voter est aidant au quotidien. La ligne de parti lui permet de se rallier à la position proposée par ce ou cette collègue.

Pour se faire une tête sur les questions délicates qui ne figurent pas déjà dans le programme du parti, les député·e·s d'une même famille politique se réunissent en caucus afin de prendre position. La discussion peut être totalement ouverte, ou bien le ou la chef du parti peut proposer une position, mais il arrive aussi que certain·e·s membres ne soient pas d'accord avec celle-ci et le fassent valoir. Ces débats se font toutefois à l'interne, et idéalement loin des regards du public (et des journalistes). Il existe donc bel et bien une flexibilité et une souplesse pour les élu·e·s, ainsi qu'une possibilité de faire valoir leur voix auprès de leurs collègues. D'expérience, une fois que tous les aspects d'une question ont été discutés, les élu·e·s se rallient à la position consensuelle du groupe. Ainsi, il arrive qu'on « gagne » son point, tandis qu'à d'autres occasions, on le « perd ». Lorsque la question est trop sensible et que l'élu·e refuse de prendre part au vote avec son équipe car la conscience morale n'y est pas, on suggère souvent à cette personne d'« aller aux toilettes » (c'est vraiment l'expression utilisée !) durant le vote, c'est-à-dire de s'arranger pour ne pas avoir à se prononcer…

Les médias sont impitoyables envers les élu·e·s qui dérogent à la position de leur parti, et beaucoup d'énergie doit être consacrée par les équipes politiques lorsque de telles situations surviennent, notamment pour rattraper le message et expliquer l'affaire auprès des journalistes et commentateurs de la scène publique. Si ces différences n'étaient pas montées en épingle pour en faire les grands titres, peut-être que les partis accepteraient plus facilement qu'on déroge à la « ligne » à l'occasion. Je dis « à l'occasion », puisque si on n'est jamais d'accord avec la position du groupe, on peut se demander pourquoi on en ferait partie… Les valeurs cardinales doivent alors servir de boussole et sont les vecteurs de la solidarité politique.

→ Est-ce que les élu·e·s sont protégé·e·s par des gardes du corps ?

Pas toujours. Au palier fédéral, seul le premier ou la première ministre bénéficie d'une protection rapprochée en tout temps... Et c'est toute une protection ! Pour vous donner une idée, un jour, le premier ministre Justin Trudeau est venu me rencontrer à mon bureau de l'hôtel de ville de Longueuil. Pour préparer sa venue, les contacts avec la Gendarmerie royale du Canada (GRC) se sont échelonnés sur plusieurs jours, et de nombreuses visites de vérifications de sécurité ont dû avoir lieu, dont une avec des chiens renifleurs. Cela étant dit, les ministres et chefs de l'opposition, de leur côté, n'ont même pas le droit à un seul garde du corps officiellement désigné par l'État, sauf en temps de campagne électorale, où la sécurité de l'ensemble des chefs est assurée par la GRC.

Au palier québécois, le premier ou la première ministre, l'ensemble des ministres de même que les chefs de l'opposition de partis reconnus se voient tous et toutes obligatoirement doté·e·s de gardes du corps après leur nomination. Il va sans dire que le premier ou la première ministre bénéficie d'une équipe de protection rapprochée plus imposante que les autres, menée par la Sûreté du Québec (SQ).

Au palier municipal, cela varie en fonction de la décision de chaque Ville, parfois influencée par la situation politique ou une analyse de sécurité réalisée par les corps policiers.

Question bonus

→ Y a-t-il un signe astrologique qui prédispose à la politique plus qu'un autre?

Pour faire la lumière sur cet enjeu de haute importance, j'ai mené une étude très sérieuse qui visait à répertorier les dates de naissance de mes ancien·ne·s collègues à l'Assemblée nationale. Résultat : les Verseau et Capricorne souffrent clairement d'un déficit de représentation parmi les député·e·s en comparaison de leur poids dans la population, tandis que les signes de feu (Bélier — le mien! —, Lion et Sagittaire) sont nettement surreprésentés. Selon ce qu'on peut lire dans le magazine *Clin d'œil*, « ces signes sont passionnés, intenses, créatifs. Il faut savoir toutefois alimenter [cet élément], ou encore l'aider à se contrôler, car le feu peut être destructeur! » Qu'on se le tienne pour dit!

P.-S. — J'ai refait l'exercice avec les dates de naissance des mairesses et maires des dix plus grandes villes du Québec à l'écriture de ces lignes, et le résultat est fascinant… La moitié sont Gémeaux! Si vous êtes né·e entre le 21 mai et le 20 juin, vous semblez manifestement prédestiné à la politique municipale!

Et la vie privée?
Questions en rafale:

→ Est-ce que les élu·e·s peuvent *dater*?

Oui (psitt, plusieurs vont même sur les applis de rencontres!).

→ Est-ce que les élu·e·s peuvent s'amuser en public?

Oui (attention, les performances au karaoké — activité très populaire chez les politicien·ne·s — peuvent laisser à désirer, même s'il y a beaucoup de cœur là-dedans).

→ Est-ce que les élu·e·s peuvent consommer de l'alcool en public?

Oui, mais il faut assumer ses gestes (les comportements déplacés ou les dérapages seront toujours sévèrement jugés, avec ou sans alcool).

→ Est-ce que les élu·e·s peuvent avoir une vie en dehors de la politique?

Absolument! Celles et ceux qui me suivent sur les réseaux sociaux le savent: je me réclame fièrement de mon statut de jeune femme, de fille, d'amoureuse, d'amie, de sœur, de tante et de toutes les autres facettes qui font de moi la personne que je suis. Je considère comme important de le faire parce que toutes ces parties de moi cohabitent à la fois. Entre vous et moi, cela devrait même être encouragé. Nous devenons de meilleur·e·s élu·e·s lorsque nous pouvons prendre du recul sur notre action quotidienne et nous ressourcer, comme tout le monde.

S'IM

PLI–
QUER

On a besoin ♡ de vous en politique!*

Vous avez un profil différent du classique avocat homme blanc de 55 ans ? Une expérience qui sort du lot ? Tant mieux ! En politique, j'aime souligner que l'âge n'est pas garant de l'expérience et que l'expérience n'est pas non plus garante de la compétence. Qui plus est, la diversité est à la source d'une plus grande créativité, et cela ne peut qu'être bénéfique pour l'ensemble de la société.

* Incluant des extraits remaniés d'une chronique que j'ai écrite pour *Urbania* en 2021.

Je vous donne un exemple. Mettez notre profil type d'avocat (le fameux homme blanc de 55 ans) dans un groupe de dizaines d'autres avocats qui sont aussi des hommes blancs de 55 ans [note aux lectrices et aux lecteurs : je n'ai rien contre les avocats qui sont des hommes blancs de 55 ans 😉]. Il y a bien des chances que ces individus aient une expérience de vie similaire, qui les mènera à réfléchir à des solutions semblables à des problèmes donnés. Ajoutez maintenant parmi eux des femmes et des gens aux parcours différents, d'âges variés et d'origines diversifiées. Les solutions envisagées risquent alors de se multiplier. C'est de ce foisonnement que pourront émerger les meilleures idées pour améliorer notre collectivité.

Je suis bien consciente qu'un paquet de facteurs peuvent peser dans la balance quand vient le temps de réfléchir à l'option de se présenter en politique. J'ai moi-même eu à me prêter à cet exercice à plusieurs reprises. Voyons quelques questions à se poser, en rafale :

Dans quel rôle serai-je le plus utile à la cause et/ou aux idées que je défends, en ce moment ?

Quelles sont mes motivations à me lancer en politique ?

Quelle(s) cause(s) est-ce que je souhaite porter en politique ?

Quelle différence est-ce que je cherche à faire dans la vie des gens ?

Est-ce que je désire vraiment jouer ce rôle ?

Ai-je profondément envie de me consacrer à la vie politique pendant quelques années, avec les sacrifices que cela implique pour ma vie personnelle (moins de temps libre) ?

Mon entourage me soutiendra-t-il dans cette décision ?

Au fil de mon parcours, j'ai constaté que la conciliation politique-vie personnelle est, de loin, le frein le plus courant à l'engagement politique, et pour cause. Il est vrai que nous avons été habitué·e·s à un style de politique où l'élu·e est réputé·e travailler sans arrêt. J'avoue moi-même avoir déjà voulu jouer à ce jeu à mes débuts, en étant « partout », tout le temps. C'est différent maintenant. Les années m'ont fait prendre conscience de l'importance de valoriser l'équilibre. Je suis de plus en plus convaincue qu'il faut promouvoir des façons de faire différentes : plus humaines, plus conciliantes. Bien sûr, la nature des fonctions électives implique nécessairement une disponibilité et un niveau d'engagement importants — cela ne changera pas —, mais il est possible d'arriver à faire la part des choses et d'apprendre à distinguer l'essentiel du facultatif pour éviter de se perdre dans cette aventure. Pour changer les mœurs et les façons de faire, il faut des personnes prêtes à relever le défi et à participer à ce changement, à cette évolution de la culture politique. Et si vous faisiez partie de ces personnes ? Mon conseil : faites-vous confiance. Si vous êtes prêt·e à travailler fort, si vous avez envie de foncer, alors vous allez y arriver.

Mise en garde : tout le monde n'est pas égal face à l'engagement politique, et certaines populations souffrent encore de sous-représentation en raison de barrières systémiques, même au Québec (manque de modèles, réseau de contacts plus restreint, discrimination au sein des partis politiques, biais inconscients dans les médias et ailleurs dans la société, etc.). D'où l'importance que celles et ceux qui accèdent à des positions de pouvoir en soient conscient·e·s et tendent la main à d'autres, qui le feront ensuite pour d'autres, et ainsi de suite.

SOS

représen

tativité

- En 2024, le Parlement fédéral était composé de députés majoritairement masculins (à 70 %), de plus de 40 ans (à 86 %) et nés au Canada (à 86 %).
- En 2022, au Québec, les parlementaires avaient en moyenne 51 ans.
- En 2022, au Québec, 78,4 % des parlementaires détenaient une formation universitaire. Aucun parlementaire n'a déclaré travailler dans le secteur manufacturier, ouvrier ou artisanal.
- Le nombre de femmes députées a connu une hausse importante au Québec depuis que la parité est mesurée par les médias, passant de 27,2 % (34 sur 125) en 2014 à 46,4 % (58 sur 125) en 2022.
- En 2021, au Québec, seulement 23,6 % des municipalités étaient dirigées par une mairesse (contre 76,4 % par un maire). La proportion de conseillères municipales était un peu plus élevée, atteignant 38,5 % (contre 61,5 % de conseillers).
- En 2021, seulement 3 % des élu·e·s du municipal avaient moins de 30 ans (j'en faisais partie !).
- En 2022, les député·e·s issu·e·s de la diversité représentaient seulement 14,8 % des sièges à la Chambre des communes, alors qu'ils comptaient pour 22,4 % de la population canadienne (l'Assemblée nationale faisait alors beaucoup mieux, avec 22 %).

Neuf façons de s'en-gager, pour *tous* les goûts !

Il existe autant de formes d'engagement qu'il y a d'individus : certaines sont actives, d'autres plus passives, et elles peuvent souvent se combiner. Chose certaine : elles sont maniables et toujours en mouvement, en plus de s'adapter aux époques dans lesquelles elles s'inscrivent.

1

Se présenter à des élections

2

Militer pour un parti politique, une organisation à but non lucratif ou un syndicat

(ex. : organiser des événements et des rassemblements et/ou y prendre part, participer à des campagnes électorales)

3

Militer pour une personne posant sa candidature à des élections

(ex. : conseiller la personne candidate, l'aider à distribuer du matériel promotionnel, faire du porte-à-porte)

Travailler aux élections

(ex.: occuper des postes rémunérés lors des périodes de vote, que ce soit par anticipation ou lors de la journée officielle du scrutin. P.-S. — Si cela vous intéresse, sachez que les organismes comme Élections Canada et Élections Québec cherchent souvent du personnel pour les bureaux de vote, que ce soit comme scrutateur ou scrutatrice (personne responsable de remettre le bulletin de vote à l'électeur ou l'électrice) ou secrétaire (personne chargée de vérifier l'identité de l'électeur ou de l'électrice et de rayer son nom sur la liste). Une bonne façon de gagner un peu de sous tout en vous initiant à la démocratie!)

Militer pour une cause (de façon individuelle ou en s'associant à un groupe)

(ex.: développer et/ou distribuer du matériel informatif sur l'enjeu en question, écrire une lettre ouverte dans les journaux, développer et/ou relayer des messages sur les réseaux sociaux, organiser des manifestations et/ou y prendre part, interpeller et sensibiliser les élu·e·s à propos d'un dossier particulier)

Poser des gestes significatifs

(ex.: appliquer la devise «acheter, c'est voter», prendre des habitudes responsables et respectueuses du bien commun)

Créer

(ex.: inspirer et sensibiliser les autres par la création d'œuvres engagées)

Entreprendre

(ex.: mettre sur pied une entreprise privée ou un organisme à but non lucratif avec des valeurs sociales fortes ou qui œuvre à la progression d'une cause ou à la résolution d'un problème)

Partager de l'information

(ex.: envoyer un courriel, relayer un message sur les réseaux sociaux, texter ou appeler un·e ami·e ou un·e proche, prendre la parole lors d'une rencontre)

Par où commencer en cinq étapes faciles

1. Demandez-vous quelles sont vos motivations et quelle(s) cause(s) vous aimeriez faire avancer.

Il s'agit là de l'essence de l'engagement, et du meilleur guide pour savoir où investir votre énergie. Selon les grandes idées qui vous portent, vous pourrez identifier à quel palier politique sont prises les décisions en cette matière et vous investir au bon endroit. Parfois, si la cause ou la motivation est plus générale, évaluez la façon dont elle pourrait se traduire avec les plus grands effets. Par exemple, dans mon cas, rebâtir et accroître la confiance envers nos institutions démocratiques est le leitmotiv de mon engagement politique. Après un passage au palier provincial, j'ai jugé que mon engagement pourrait se traduire plus aisément au palier municipal, au sein duquel je pourrais avoir une plus grande influence, comme les choses peuvent parfois bouger plus rapidement à petite échelle (« pensez globalement, agissez localement », comme dit le dicton).

2. Dressez une liste de vos aptitudes actuelles, ou des aptitudes que vous aimeriez développer.

Comme évoqué précédemment, ce n'est pas parce que vous êtes jeune que vous n'avez pas d'expérience, et ce n'est pas parce que vous avez de l'expérience que vous avez les compétences requises. Identifiez donc ce qui vous distingue et ce à quoi vous aspirez. Dans le même esprit, ne sous-estimez pas vos expériences passées. Dans mon cas, à mes débuts, j'étais membre d'un conseil d'administration d'une association partisane, et je faisais des ordres du jour et des procès-verbaux (ennuyants !) tout en me familiarisant avec le jargon (je ne comprenais rien !). En revanche, ça m'a été franchement utile pour la suite de mon parcours (et ça l'aurait aussi été si je n'avais pas poursuivi dans cette voie).

3. Levez la main et proposez-vous.

Les occasions d'engagement politique ne tomberont pas du ciel : vous devez proactivement démontrer de l'intérêt, par exemple en interpellant directement un·e élu·e par courriel ou via les réseaux sociaux, en devenant membre d'une formation politique, en allant à la rencontre d'autres bénévoles lors d'un événement/rassemblement ou en assistant à une séance du conseil municipal. Cela dit, préparez-vous : lorsque vous serez dans le bain, les chances sont grandes pour que vous en redemandiez, encore et encore. Surtout, si vous faites du bon travail, la qualité de votre engagement sera sans doute remarquée, et votre implication vous donnera l'occasion d'accepter des responsabilités de plus en plus importantes, si c'est ce que vous souhaitez.

4. Restez humble.

D'autres vous ont précédé·e et d'autres vous suivront. Acceptez les conseils des militant·e·s d'expérience, tout en n'hésitant pas à sortir du cadre établi pour tester de nouvelles façons de faire, à votre image.

5. Soyez prêt·e à vivre une aventure intense, formatrice, humaine et formidable !

Poser sa candidature aux élections en trois étapes faciles

Bon, vous sentez peut-être que vous n'êtes pas *tout à fait* rendu·e là, mais... pourquoi pas? Je vous pose la question, comme on me l'a posée lorsque j'avais 21 ans et que je notais le faible niveau de représentation des jeunes (et particulièrement des jeunes femmes) en politique. On m'avait alors encouragée à me lancer pour faire la preuve qu'on pouvait avoir notre place. C'est cette conversation qui a fait germer en moi l'impulsion nécessaire pour faire le saut.

1. Évaluer si vous préférez vous rallier à un parti politique ou vous lancer en tant qu'indépendant·e.

Soyons honnête : notre système politique actuel n'est pas favorable aux candidatures indépendantes, pour un tas de raisons énumérées précédemment, et l'histoire nous l'a prouvé. Si vous optez pour cette option, sachez que vous avez théoriquement vos chances, mais il faudra réalistement ajuster vos attentes. La situation est toutefois différente au palier municipal : les indépendant·e·s ont plus de chances de faire leur place.

2. Êtes-vous déjà impliqué·e au sein du parti politique pour lequel vous souhaitez vous présenter ?

Si oui, renseignez-vous sur le processus de nomination des candidatures. Certains partis organisent des « investitures ouvertes », c'est-à-dire des élections internes permettant aux membres de choisir la personne qui les représentera aux élections. C'est souvent la meilleure manière de faire sa place comme candidat·e, lorsqu'on vient de l'interne, puisqu'on a déjà un réseau de contacts pouvant agir comme potentiel soutien (votes et bénévoles).

Si non, vérifiez si le parti explique la procédure pour se porter candidat·e sur son site Web. Certains font des appels de candidatures à l'externe. Habituellement, les partis valorisent les candidatures démontrant une « loyauté » envers le parti et ayant un historique d'engagement (ex. : prises de position publiques, contributions financières, participation à des événements), à moins de correspondre à un profil hautement recherché (ex. : personnalité déjà connue sur la scène médiatique).

3. Foncez !

Soyez prêt·e à travailler fort et, surtout, entourez-vous bien. L'équipe est la clé d'une campagne (et d'une expérience électorale) réussie, peu importe l'issue du scrutin. Même si vous évaluez vos chances de l'emporter comme étant faibles, je vous conseille de vous engager avec tout le sérieux qu'une campagne mérite. À mon sens, en acceptant de participer à cet exercice démocratique, vous devez aux électrices et aux électeurs de prendre votre rôle au sérieux. « Soit je gagne, soit j'apprends », comme disait Nelson Mandela.

Le mot de la fin

Je ne ferai pas semblant : je sais que le contexte politique peut souvent être décourageant. Je pense entre autres à la polarisation sociale et aux insultes qui prolifèrent sur les réseaux sociaux, aux étiquettes qu'on nous accole (trop) rapidement lorsque nous prenons position, au ton conflictuel (quand ce n'est pas carrément agressif) des débats au sein de nos parlements, aux situations gênantes qui surviennent dans les conseils municipaux, dignes d'*Infoman*...

En même temps, c'est précisément pour ces raisons que nous avons besoin de vous, ici, maintenant. Par la rédaction de ce livre, je souhaitais tendre la main à celles et ceux qui ont envie de choisir l'espoir et qui souhaitent marcher sur ce chemin à mes côtés. Continuons à cultiver notre curiosité et nos connaissances, et à enrichir le débat public de nos idées et nos idéaux.

Les défis de notre époque sont immenses. Ils donnent parfois le vertige. L'engagement politique et social est un moyen concret d'affronter l'avenir ; il devient un vecteur de reprise de contrôle.

Pour ça,
j'ai con-
fiance ♡
en vous.
J'ai con-
fiance en
→ *nous.*

Lexique politique courant

Administration publique: Organisation formée de fonctionnaires (employé·e·s) visant à faire tourner l'appareil public, que ce soit un gouvernement, un ministère, une municipalité, une société d'État, etc. Les élu·e·s sont chargé·e·s d'orienter l'administration publique en promouvant des projets, et les fonctionnaires y œuvrant doivent concrétiser ces projets et établir des priorités d'action.

Auditions publiques: Présentations de groupes d'intérêts, de chercheurs et chercheuses ou d'individus devant des élu·e·s chargé·e·s d'évaluer la portée d'un projet de loi, ou de consulter des expert·e·s et/ou des témoins sur un sujet donné. Ces échanges sont généralement enregistrés et accessibles au public, en audio et/ou vidéo.

Bâillon: Procédure parlementaire par laquelle le gouvernement peut réduire au minimum le temps alloué au débat parlementaire et déroger aux horaires conventionnels dans le but d'adopter un projet de loi plus rapidement… parfois même en pleine nuit!

Candidature «poteau»: Candidature qui est considérée comme n'ayant aucune chance de remporter les élections dans sa circonscription. Généralement posée pour rendre service au parti, qui cherche à bien paraître sur le plan de l'organisation électorale en présentant des candidat·e·s dans toutes les circonscriptions, même celles dans lesquelles il est convaincu de ne pas être compétitif. C'est aussi une manière d'assurer que les sympatisant·e·s de ce parti puissent exprimer leur préférence, même s'ils sont peu nombreux sur un territoire donné (par exemple, les péquistes dans le *West Island* de Montréal, ou les conservateurs sur le Plateau-Mont-Royal).

Caucus: Groupe formé par les élu·e·s d'un même parti.

Chambre d'écho: Expression faisant référence à un univers numérique amplifiant notre propre voix (nos propres idées) dans lequel on a tendance (même sans s'en rendre compte) à s'enfermer en raison des algorithmes conçus pour nous convaincre de rester plus longtemps sur une plateforme. Ceux-ci exploitent des principes de psychologie humaine selon lesquels on préfère le contenu qui concorde avec nos valeurs.

Circonscription : Division d'un territoire à des fins de représentation électorale. S'applique aux paliers fédéral et provincial. Toutes les circonscriptions doivent compter un nombre similaire d'électeurs et d'électrices pour que chaque vote soit équivalent (sauf quelques rares exceptions). Chaque circonscription est représentée par un·e député·e.

Clip : Très bref segment vidéo (10 ou 20 secondes) dans lequel un·e élu·e illustre une idée. Facilement utilisable pour les reportages dans les médias (radio, télé, etc.). On parle souvent de formule choc, qui a la capacité de marquer les esprits.

Commission d'enquête : Groupe d'expert·e·s mandaté par le gouvernement pour faire la lumière sur un événement ou une situation préoccupante pour la population. Elle vise à découvrir la vérité, qui pourrait mener plus tard à des poursuites, le cas échéant.

Commission parlementaire : Séance de travail réunissant des député·e·s pour la tenue d'auditions publiques ou l'étude détaillée d'un projet de loi.

Convention constitutionnelle : Normes d'application de la Constitution devenues courantes avec le temps.

District : Division du territoire à des fins de représentation électorale. S'applique au palier municipal. Chaque district est représenté par une conseillère ou un conseiller municipal.

Économie d'échelle : Baisse du coût moyen d'un bien ou d'un service à mesure que la quantité produite ou offerte augmente, en raison de la répartition des coûts fixes (ex. : bâtiments, salaires, etc.) sur un plus grand nombre de personnes.

Faire sortir le vote : Opération menée par les équipes politiques afin d'inciter les électrices et les électeurs identifiés comme des sympathisant·e·s à aller voter par l'utilisation de diverses méthodes (appels téléphoniques, porte-à-porte, affichettes de porte, accès à un service de chauffeur, etc.).

Jurisprudence : Ensemble de précédents judiciaires sur lesquels se base un·e juge pour se prononcer dans un dossier, en sus des lois applicables.

Ligne de parti : Expression consacrée pour parler de la solidarité d'un caucus sur une idée ou une prise de position, qui doit être la même pour tous les membres dudit caucus.

Mise à l'agenda : Priorisation d'une idée ou d'un projet par le gouvernement.

Motion : Déclaration ou proposition soumise au vote d'une assemblée délibérative (Parlement, conseil municipal). Aux paliers fédéral et provincial, celle-ci a surtout une valeur symbolique et n'engage pas formellement le gouvernement lorsqu'elle est adoptée.

Partisanerie: Attitude d'une personne agissant en faveur d'un parti politique spécifique et exclusif, souvent sans nuance, notamment dans l'objectif d'influencer l'opinion publique.

Plante verte: Expression pour qualifier les élu·e·s qui n'ont pas de rôle d'importance, qui n'ont rien à faire.

Politiques publiques: Orientations ou projets gouvernementaux destinés à être mis en œuvre par l'administration publique.

Pouvoir résiduaire: Compétences législatives non mentionnées explicitement dans la Constitution canadienne et qui sont attribuées au gouvernement fédéral pour légiférer sur des matières nouvelles ou non prévues au moment de la Confédération, en 1867.

Programme politique: Ensemble des idées et propositions d'un parti.

Proroger: Mettre fin à quelque chose, souvent une session parlementaire. C'est une façon pour un gouvernement de « repartir à neuf » sur le plan symbolique.

Ratifier: Approuver un document, le reconnaître comme étant authentique et fidèle aux discussions.

Responsabilité ministérielle: Principe démocratique selon lequel le premier ou la première ministre et les ministres sont responsables devant le Parlement de la conduite de leur gouvernement ou ministère, tant pour leurs actions individuelles que pour celles de leur personnel. Ils et elles peuvent être tenu·e·s de démissionner en cas de faute grave ou de perte de confiance.

Sanctionner: Confirmer une adoption, lui apporter une consécration officielle.

Sénat: Institution politique symbolique au Canada, où des gens sont nommés pour conseiller les député·e·s élu·e·s sur les projets de loi devant être adoptés.

Slogan: Très brève formule marketing pour capter l'attention et envoyer un message aux électrices et électeurs, souvent dans le cadre d'une campagne électorale.

Travaux parlementaires: Ensemble des procédures parlementaires, c'est-à-dire tout le travail effectué par les député·e·s dans le cadre d'instances parlementaires officielles (consultations, auditions, étude détaillée d'un projet de loi, période des questions, etc.).

Trésor public: L'argent du gouvernement, constitué des sommes générées par les taxes et impôts payés par les contribuables, c'est-à-dire les citoyen·ne·s.

Remerciements

Si j'avais déjà écrit des livres lorsque j'étais députée, écrire en tant que mairesse — avec les responsabilités supplémentaires qui viennent avec cette fonction —, représente un engagement d'un tout autre niveau. Je tiens en ce sens à remercier mon éditrice, Élisabeth, de m'avoir convaincue de me lancer, moi qui ai manifestement bien du mal à refuser de relever un défi ! Plus sérieusement, la rédaction de ce livre est en parfaite adéquation avec ce que je promeus depuis ma première élection, soit l'autonomisation sociale et politique. Je tiens à la remercier de m'avoir accompagnée avec délicatesse et compréhension, en me suggérant toujours d'excellentes propositions pour clarifier le texte. Nous avons formé une équipe rigoureuse et efficace ! Je salue dans le même sens la contribution de tous ses collègues de chez Parfum d'encre et du Groupe d'édition la courte échelle, notamment celles et ceux qui ont développé le concept de la présente collection. Ce projet, il est aussi le vôtre.

Sur une note plus personnelle, je tiens à remercier mon mari, Charles, qui en plus de subir mon horaire quotidien ultrachargé (une chance que le sien l'est aussi !), a accepté que je m'approprie le petit espace de bureau de notre appartement pour en faire mon lieu officiel d'écriture ! Merci pour ta patience, ton amour et ton soutien sans borne.

Je souhaite également remercier mes abonné·e·s Instagram pour l'inspiration qu'ils et elles m'ont procurée à travers les questions que je leur ai posées pendant mon processus d'écriture, Philippe Lamarre d'*Urbania* de m'avoir permis de réutiliser certaines chroniques que j'avais écrites pour eux il y a quelques années, de même que mon grand complice et ami, mon directeur de cabinet, Louis-Philip Prévost, pour son aide à la révision de faits.

En terminant, merci à vous, chères lectrices et lecteurs, d'avoir parcouru ces pages. J'espère avoir réussi à rendre la politique — en laquelle je crois fondamentalement — plus accessible. La démocratie est précieuse et fragile. Chérissons-la et prenons-en soin, pour l'avenir du monde.

Index

Page 4 : By Ralph Earl - This file was donated to Wikimedia Commons as part of a project by the Metropolitan Museum of Art. See the Image and Data Resources Open Access Policy, CC0, https://commons.wikimedia.org/w/index.php?curid=57364919

Page 9 : Émilie Hébert

Page 12 : Par Santi di Tito — Recadrée et améliorée à partir d'une couverture de livre trouvée sur Google Images., Domaine public, [https://commons.wikimedia.org/w/index.php?curid=9578897]

Page 12 : Par Maurice Quentin de La Tour — Source inconnue, Domaine public, [https://commons.wikimedia.org/w/index.php?curid=24158]

Page 13 : Par un auteur inconnu — Young-Bruehl, Elisabeth Yale University Press Hannah Arendt : Pour l'amour du monde ISBN : 978-0-300-10588-9., Domaine public, [https://commons.wikimedia.org/w/index.php?curid=73609659]

Pages 18, 19, 20, 21, 33, 43, 44, 87, 88,89, 169, 170, 171 : Par Ron Pieket - Own work, CC BY 3.0, [https://commons.wikimedia.org/w/index.php?curid=5793535]

Page 22 : Karine Couillard

Page 29 : Par W. Duke, Sons & Co. — Ce fichier a été donné à Wikimedia Commons dans le cadre d'un projet du Metropolitan Museum of Art. Voir la politique d'accès libre aux images et données, CC0, [https://commons.wikimedia.org/w/index.php?curid=115807041]

Page 29 : Par W. Duke, Sons & Co. — Ce fichier a été donné à Wikimedia Commons dans le cadre d'un projet du Metropolitan Museum of Art. Voir la politique d'accès libre aux images et données, CC0, [https://commons.wikimedia.org/w/index.php?curid=115807046]

Page 30 : Par W. Duke, Sons & Co. — Ce fichier a été donné à Wikimedia Commons dans le cadre d'un projet du Metropolitan Museum of Art. Voir la politique d'accès libre aux images et données, CC0, [https://commons.wikimedia.org/w/index.php?curid=115807047]

Page 31 : Par W. Duke, Sons & Co. — Ce fichier a été donné à Wikimedia Commons dans le cadre d'un projet du Metropolitan Museum of Art. Voir la politique d'accès libre aux images et données, CC0, [https://commons.wikimedia.org/w/index.php?curid=115807220]

Page 31 : Par W. Duke, Sons & Co. — Ce fichier a été donné à Wikimedia Commons dans le cadre d'un projet du Metropolitan Museum of Art. Voir la politique d'accès libre aux images et données, CC0, [https://commons.wikimedia.org/w/index.php?curid=115807097]

Page 32 : Par le Ministère de la Présidence. Gouvernement de l'Espagne, Attribution, [https://commons.wikimedia.org/w/index.php?curid=14745391]

Page 35 : Par United Press International — Bettman Archive, Domaine public, [https://commons.wikimedia.org/w/index.php?curid=165066173]

Page 49 : Par David Lucas — Ce fichier a été contribué à Wikimedia Commons par la bibliothèque métropolitaine de Columbus dans le cadre d'un projet de coopération. Le don a été facilité par la Digital Public Library of America, via son partenaire Ohio Digital Network. Enregistrement dans le catalogue source Identifiant DPLA : f9bc83a95d7425b2dd-0763d176516a18 Identifiant Columbus Metropolitan Library : DL_B15_DTCA298_022.tif, Domaine public, [https://commons.wikimedia.org/w/index.php?curid=135486196]

Page 52 : Photo par Wolfgang Hasselmann sur Unsplash, [www.unsplash.com/photos/brown-elephant-on-green-grass-field-during-daytime-P7L-5011nD5s?utm_content=creditCopyText&utm_medium=referral&utm_source=unsplash]

Page 52 : Photo par Dmitriy Serafin sur Unsplash, [www.unsplash.com/photos/donkey-near-brown-wooden-fence-during-daytime--p-ew_IsNZk?utm_content=creditCopyText&utm_medium=referral&utm_source=unsplash]

Page 62 : Par un auteur anonyme — Ce fichier a été donné à Wikimedia Commons dans le cadre d'un projet du Metropolitan Museum of Art. Voir la politique d'accès libre aux images et données, CC0, [https://commons.wikimedia.org/w/index.php?curid=57368660]

Pages 66 et 67 : Par Linda Rain 714, ABCs, CC BY 2.0, [www.flickr.com/photos/ocalways/]

Page 79 : Par Asanagi — Travail personnel, CC0, [https://commons.wikimedia.org/w/index.php?curid=141846764]

Page 83 : Par kschneider2991 — [www.pixabay.com/photos/money-money-tower-coins-euro-2180330/], CC0, [https://commons.wikimedia.org/w/index.php?curid=88247655]

Page 86 : Par Statens maritima museer, Sjöhistoriska museet, Lediga Stunder. — Statens maritima museer, Sjöhistoriska museet, numéro d'objet 20818., CC BY 3.0, [https://commons.wikimedia.org/w/index.php?curid=27628195]

Page 97 : Par Daan Noske / Anefo - http://proxy.handle.net/10648/a8bf3cb2-d0b4-102d-bcf8-003048976d84, CC0, [https://commons.wikimedia.org/w/index.php?curid=74157102]

Page 111 : Par Sebastian Wallroth, Wikimedia Commons, CC BY 3.0, [https://commons.wikimedia.org/w/index.php?curid=20014938]

Page 119 : Par Jack Weir (1928-2005) — Initialement téléversée par l'utilisateur Rufus330Ci le 23 janvier 2006, Domaine public, [https://commons.wikimedia.org/w/index.php?curid=3264202]

Page 136 : Par une photo de l'U.S. Air Force prise par le soldat de première classe Kyle Gese, Domaine public, [https://commons.wikimedia.org/w/index.php?curid=26279384]

Page 142 : Photo par Jean Wimmerlin sur Unsplash, [www.unsplash.com/photos/a-large-lion-sitting-on-top-of-a-rock-YOowNEyHIR0?utm_content=creditCopyText&utm_medium=referral&utm_source=unsplash]

Page 143 : Photo par Waldemar sur Unsplash, [www.unsplash.com/photos/a-large-lion-sitting-on-top-of-a-rock-YOowNEyHIR0?utm_content=creditCopyText&utm_medium=referral&utm_source=unsplash]

Page 157 : Par Lisa Yarost — initialement publiée sur Flickr sous le titre And bingo…, CC BY 2.0, [https://commons.wikimedia.org/w/index.php?curid=3948036]

Page 176 : Par Wilfredo Rafael Rodriguez Hernandez — Travail personnel, CC0, [https://commons.wikimedia.org/w/index.php?curid=95467255]

Apprivoiser la politique a été achevé d'imprimer en août 2025 sur du papier Sustana EnviroPrint[MC] par Imprimerie HLN pour Parfum d'encre.
Ce papier contient 100% de fibres recyclées durables, est fabriqué avec un procédé sans chlore et à partir d'énergie biogaz.